LA CUCHARA SABROSA DEL PROFESOR ZÍPER

A LA
ORILLA
DEL VIENTO

Primera edición,   2015
    Segunda reimpresión,   2017

Villoro, Juan
    La cuchara sabrosa del profesor Zíper / Juan Villoro ; ilus. de
Rafael Barajas, "El Fisgón". — México : FCE, 2015
    136 p. : ilus. ; 19 × 15 cm — (Colec. A la Orilla del Viento)
    ISBN 978-607-16-3201-2

    1. Literatura infantil I. Barajas, Rafael, "El Fisgón", il. II.
Ser. III. t.

LC PZ7   Dewey 808.068 V196c

Distribución mundial

© 2015, Juan Villoro, texto
© 2015, Rafael Barajas, *El Fisgón*, ilustraciones

D. R. © 2015, Fondo de Cultura Económica
Carretera Picacho Ajusco, 227; 14738 Ciudad de México
www.fondodeculturaeconomica.com
Comentarios: librosparaninos@fondodeculturaeconomica.com
Tel.: (55)5449-1871

Colección dirigida por Socorro Venegas
Edición: Angélica Antonio Monroy
Diseño: Miguel Venegas Geffroy

ISBN 978-607-16-3201-2

Impreso en México • *Printed in Mexico*

LA CUCHARA SABROSA DEL PROFESOR ZÍPER

JUAN VILLORO

ilustrado por

RAFAEL BARAJAS, *EL FISGÓN*

FONDO
DE CULTURA
ECONÓMICA

Índice

Las pecas son independientes

El mundo puede dar muchas sorpresas. Una de las más asombrosas ocurrió el día en que Gonzo Luque, baterista del grupo de rock Nube Líquida, se puso a dieta.

La historia de esa peculiar decisión es un poco larga, pero vale la pena contarla.

El músico que aporreaba tambores chicos, medianos, grandes y colosales era famoso por dedicar todo su tiempo libre a comer.

"¡Soy una máquina de convertir calorías en ritmo!", decía para justificar las raciones de pizzas y pollos rostizados que le daban fuerza para golpear su instrumento.

Gonzo Luque tenía el poderoso pecho de un atleta de los redobles, los hombros anchos de quien acostumbra cargar una batería y la quijada decidida con que los grandes dibujantes trazan a los héroes de acción.

"Una persona triste puede tocar la flauta, una persona aburrida puede tocar el triángulo, una persona nerviosa puede tocar el violín, pero sólo alguien con fabulosa energía puede tocar mis tambores", explicaba, estableciendo una clara relación entre sus redobles y su consumo de comida chatarra.

Y es que a Gonzo no le gustaba otra cosa. Despreciaba las deprimentes ensaladas, recomendables para las vacas y otros rumiantes de mirada aburrida, y sólo comía frutas si estaban escondidas bajo una montaña de helado.

Pero al célebre rockero le pasó lo que a tantas personas a las que de pronto el corazón les late más rápido. Terminó el concierto con un solo de batería de veinte minutos, resopló como un búfalo y de repente sintió que tenía una liebre en el pecho.

Su primera reacción fue pensar que le estaba dando un infarto. Luego recuperó la respiración, se limpió el sudor que le empañaba la vista y descubrió la causa de su taquicardia: durante todo el concierto, una chica había estado cerca de sus tambores.

Se trataba de Cindy Buendía, amiga de infancia de los hermanos Ricky y Pablo Coyote, guitarristas de Nube Líquida.

La chica que respondía al peculiar nombre de Cindy había conseguido un pase especial para visitar los camerinos y oír el concierto desde el escenario. Nunca había mostrado afición por el rock, pero cada vez que veía a sus amigos Ricky y Pablo en la televisión, se quedaba fascinada por el corpulento baterista. Aquel músico de gran mostacho y brazos de atleta le recordaba algo muy especial, pero no sabía de qué se trataba. Era como si lo hubiese conocido en otra vida y de pronto volviera a verlo.

Como invitada especial, Cindy tenía derecho a comer del bufet de las cuatrocientas galletas, pero no probó ninguna. Durante las tres horas de música, no hizo otra cosa que contemplar al formidable Gonzo Luque.

Los ojos de Cindy delataban sus pensamientos: había descubierto que un hombre que le pega con fantástica pasión a sus tambores tenía que ser muy sincero, incapaz de decir mentiras. "¿A quién me recuerda?", se preguntaba la chica, cada vez más cautivada por el músico.

En cuanto a Gonzo, como ya se dijo, el corazón habló por él. Después del último compás del concierto, un ayudante le aventó una toalla para que se secara el sudor y él advirtió que los redobles seguían, pero dentro de su cuerpo.

Cindy Buendía lo miraba con ojos castaños, de un brillo especial, en los que podían

distinguirse cuatro palabras, dos por cada ojo: "El amor es intenso".

Una vieja fórmula científica asegura que "los opuestos se atraen". Esto no siempre es cierto. Si fuera así, todas las resfriadas tendrían novios sanos y todos los gigantes, novias enanas.

Pero a veces sucede que el caprichoso ser humano se enamora de una persona muy diferente de él. Todo esto lleva a una pregunta: ¿quién diablos era Cindy Buendía?

Además de conocer a Pablo y Ricky Coyote desde la infancia, la chica en cuestión tenía una belleza singular. Uno de los misterios de la humanidad es que hay lugares donde la gente es guapa del mismo modo: las chicas de Guadalajara tienen ojos hermosos; los hombres de Grecia, una nariz formidable; las eslovenas, piernas espléndidas; los italianos, sonrisa de adorables tramposos, y las polacas, un cabello dorado tan atractivo que hace olvidar su tremendo carácter.

Pero hay bellezas aún más regionales: en la Privada Eugenia de la calle Eugenia, número 25, colonia Del Valle, ciudad de México, código postal 03100, había ocho casas. Nadie sabía por qué, pero todas las chicas que nacían en las casas con números impares tenían una delicada piel color avena, el cabello ideal para hacer largas trenzas, las pecas más sutiles del mundo y una sonrisa que, definitivamente, mejoraba la vida.

Cindy Buendía había nacido en la casa 3 de la Privada Eugenia.

Gonzo Luque bajó de su banquillo de baterista y ella le dijo la frase más inesperada de la noche:

—Odio el rock, pero tu nariz es simpática.

—Se hace lo que se puede —contestó Gonzo, sin saber qué más decir.

—¿Te has fijado en las basuritas que flotan en la luz de los reflectores? —preguntó la chica.

La verdad sea dicha, Gonzo jamás se había fijado en eso. Tocaba con la mirada baja, concentrado en sus percusiones.

Alzó la vista y vio miles de corpúsculos flotar en el aire. Aquello parecía polvo de estrellas. Recordó la tarde en que su padre lo llevó al planetario y vio una reproducción de la bóveda celeste. Los astros del universo vinieron a su mente y estuvo a punto de llorar (Gonzo Luque era tan sentimental que no podía ver la sonrisa de un delfín sin que le saltaran las lágrimas).

Le costó trabajo contener el llanto ante el polvo luminoso que rodeaba los reflectores, suspendido en el aire como una galaxia, y dijo:

—¡Es tan bonito!

La frase no era muy inspirada.

—Debes estar cansado —contestó Cindy, muy comprensiva—. No te preocupes, no te preguntaré cuál es tu postura ante la situación política internacional.

Gonzo no tenía ninguna postura política. Quien hablaba de esos temas en nombre del grupo era Ricky Coyote, que leía periódicos en internet y se asesoraba con su hermano Pablo.

Y aquí viene otro contraste entre Gonzo Luque y Cindy Buendía. Durante diez años seguidos, el baterista había dedicado todo su tiempo laboral a pegarle a los tambores y todo su tiempo libre a comer. En ese mismo lapso, la chica de la Privada Eugenia, número 25, casa 3, se había dedicado a estudiar y a buscar una vida mejor. ¿Qué significaba eso?

Gonzo invitó a Cindy al bufet de las cuatrocientas galletas, dispuesto a probar unas cien variedades y en especial la de *cocoa-crunchy*. Mientras él mordía galletas de diferentes sabores, ella le dijo que acababa de conseguir trabajo en un hospital, cuidando la dieta de la gente.

El baterista la vio con un poco de miedo y le dijo:

—La palabra "dieta" no me parece muy positiva.

—El planeta Tierra se está volviendo loco —dijo Cindy—: mucha gente come demasiado y mucha gente no tiene qué comer.

El baterista de Nube Líquida había ido de gira a los más diversos países y conocido a varios presidentes y jefes de tribus. Sin embargo, no sabía cómo responder a las grandes preguntas de los periodistas: ¿Cómo apagar los incendios que destruyen las selvas?, ¿cómo impedir el maltrato de los niños en las escuelas?, ¿cómo evitar los daños causados por el azúcar?, ¿cómo conseguir un centro delantero para la selección nacional?

En la mesa de las galletas, no encontró palabras para justificar su apetito. Lo único que se le ocurrió fue decir:

—Si las migajas no fueran tan sabrosas, no comería tantas galletas.

—El problema no es comer, sino comer demasiado. El estómago no es un barril sin fondo.

—Gracias por fijarte en mi querida panza. Ahora hablemos de ti.

A continuación, el fornido músico de Nube Líquida se enteró de la extraña profesión de Cindy y de la no menos extraña actividad a la que dedicaba su tiempo libre. Ella declaró ser "nutrióloga y feminista" ("nutrióloga" era su trabajo y "feminista" su pasión, que ella llamó "militancia").

—Claro, ya me lo imaginaba —comentó Gonzo sin saber a qué se refería ella.

—¿Por qué lo imaginabas?

—Por tu piel color avena, que parece muy nutrióloga, y por tus pecas, que son muy femeninas.

—¡Dije *feminista*, no *femenina*! Una mujer feminista es alguien independiente.

—Es lo que quise decir: ¡tus pecas son independientes unas de otras!

—Qué tarado eres —sonrió ella.

Aunque se trataba de una crítica, las palabras fueron pronunciadas en un tono que para Gonzo fue el más musical de la noche.

Algo raro sucedía: la chica había pronunciado la palabra más terrible del diccionario —"dieta"— y no por ello dejó de parecerle maravillosa. También le gustó que le dijera "tarado" con tanto cariño.

Por su parte, ella admiró la franqueza con la que él golpeaba los tambores y, al estar a su lado, se sintió como cuando era niña y alguien bueno y fuerte podía protegerla.

Gonzo quiso invitar a Cindy a la fiesta de fin de gira, pero ella tenía que irse. Llamó un taxi por celular y se despidió de este modo:

—Si me dan ganas de ver tu nariz, le pediré tu teléfono a Ricky.

Gonzo Luque la vio subir a un taxi color chicle bomba y desaparecer rumbo a las negras calles de la ciudad.

Su enorme corazón de baterista no dejaba de latir.

La lechuga
sabe a camisa

Durante días, Gonzo Luque esperó que el teléfono sonara trayéndole la voz de Cindy. Si alguien llamaba y no era ella, él contestaba:

—¿Me hablas dentro de una semana? —y colgaba de inmediato para dejar libre la línea.

Durmió mal esos días, pensando que tal vez no volvería a ver las pecas de Cindy Buendía.

¿Por qué no la buscaba él? Pablo y Ricky Coyote podían darle su número de teléfono. Gonzo era una persona decidida, capaz de aplastar un televisor a manotazos, pero algo lo frenaba. La chica había dicho que ella llamaría. Si él lo hacía, parecería desesperado por verla, cosa que era cierta pero que le daba vergüenza admitir.

Cuando se ponía nervioso, se tranquilizaba comiendo una torre de hot cakes. Esta vez el remedio no surtió efecto. La última migaja cubierta de miel cayó a su estómago y él seguía ansioso, espantosamente ansioso.

De nada sirvió ver televisión ni escuchar música. Harto de una vida sin Cindy, encendió la PlayStation con el juego "Nube Líquida" y escogió el personaje de Gonzo Luque en la pantalla.

Pero fue incapaz de imitar a la persona que, curiosamente, era él mismo.

La vida había cambiado en un santiamén. Días antes, él era una persona que tocaba y comía. Ahora todo era tan aburrido como beber una taza de agua caliente.

Desde la infancia, Gonzo conservaba un enorme oso de peluche. Lo abrazó y lloró sobre sus orejas, murmurando con ritmo de balada dramática: "Cindy Buendía, vuelve algún día".

Las orejas del peluche estaban empapadas cuando sonó el teléfono. Gonzo Luque se sonó los mocos con su camiseta extragrande de Batman, descolgó el auricular y dijo, sin tomarse la molestia de saber quién estaba al otro lado de la línea:

—¿Me hablas dentro de una semana?

Entonces oyó una voz maravillosa:

—¿Eres tú, Gonzo?

Cindy Buendía no sólo lo llamaba, ¡pronunciaba su nombre!

Con la capacidad de rugir que sólo tiene un poderoso baterista de rock pesado, Gonzo gritó:

—¡¡¡Nooooooooooooooooo…!!! No cuelgues, por favorcito, no lo hagas.

—¿Qué te pasa, estás bien?

—No estoy bien —el baterista trató de acallar un sollozo.

—¿Qué sucede?

—Problemas de la vida —dijo y se sintió mejor, pues esta frase le sonó muy profunda.

—¿Qué clase de problemas?

—No sé, cosas rasposas, amargas, picudas, feas, algo en verdad muy molesto.

—Si quieres te hablo en otro momento —propuso ella con amabilidad.

—¡¡¡Nooooooooooooooooo!!!

—¿Qué te pasa?

—Estaré bien, lo prometo, seré un cordero tranquilo, un mosco que no pica, un perro de buen humor.

El baterista estaba en verdad muy nervioso y no sabía qué decir, pero Cindy fue comprensiva:

—Me gusta que seas sincero. ¿Te interesa saber por qué te llamaba?

—¡¡¡…!!! —Gonzo no contestó, pero su silencio fue admirativo.

—Tengo ganas de ver tu nariz —agregó ella.

Ese fue el momento más feliz en la vida de Gonzo. La espléndida Cindy, la de los ojos brillantes y las pecas sutiles, quería estar con él.

—¿Te mando una limusina? —el baterista habló con precipitación.

—Odio esos estúpidos lujos del rock. Te propongo que nos veamos en el Café Escarabajo. Yo iré en metro. Lleva un disfraz para que no te reconozca ningún tarado —en esta ocasión la palabra "tarado", que la noche del concierto había sonado tan afectuosa, cayó como un insulto. La maravillosa Cindy daba distintos sentidos a una misma palabra.

Gonzo colgó el teléfono y buscó con qué disfrazarse. Tenía una fantástica colección de camisetas —casi todas de grupos de rock, películas de terror o restaurantes de mariscos—, pero ¿quién se disfraza con una camiseta?

Nube Líquida había ganado una fortuna vendiendo discos y llenando estadios en sus giras. El bajista Ruperto Mac Gómez y el tecladista Nelson Farías compraban casas, castillos, espadas antiguas, armaduras y perros de raza excelente y paladar negro. Además, vacacionaban en islas desiertas a las que llegaban en helicóptero. Ricky Coyote gastaba todo su dinero en motocicletas, coches y equipos musicales.

El más joven del grupo, Pablo Coyote, se había integrado a la banda para sustituir a su hermano Ricky, cuando perdió el conocimiento por varios meses. Le gustaba ser parte de Nube Líquida pero seguía siendo un chico sencillo. Cuando le sobraba dinero, lo regalaba a asociaciones que ayudaban a la gente pobre y a los perros callejeros.

También Gonzo era extremadamente sencillo. Tenía debilidad por la comida y por algunos juguetes, pues su cuerpo fortachón escondía a alguien con alma de niño. Entre sus escasos caprichos se encontraban las camisetas. Revisó su guardarropa en busca de una que sirviera como disfraz pero no dio con ninguna.

Entonces recordó que había asistido a una fiesta de Halloween vestido de pirata. Encontró el parche para el ojo, las botas de gran tacón, el sombrero con plumas, el saco con puños de encaje, el cinturón de hebilla cuadrada y el garfio que cubría la mano derecha.

Así se presentó en el Café Escarabajo. En su afán de no llamar la atención, Gonzo Luque fue reconocido en el acto, no como el baterista de Nube Líquida, sino como el Capitán Garfio, de *Peter Pan*. Todo mundo lo señaló y se quiso tomar fotos con él.

—Me siento como en un cuento para niños —dijo Cindy.

—¿No te gustan los cuentos para niños?

—Me encantan —respondió ella—, aunque no me gusta que casi todos los héroes sean hombres. ¿Te das cuenta de lo injusto que es eso?

—No lo había pensado —vio una migaja en la mesa, la aplastó con su dedo extragordo y dijo—: La verdad es que nunca había pensado en ninguna de las cosas que dices. ¿Puedo ser sincero?

—Es lo que me gusta de ti. Al verte tocar con tanta pasión supe que eras alguien que no decía ninguna mentira. En la batería te expresas con todo tu corazón. Me gusta que seas franco. ¿Y qué querías decir?

Gonzo revisó el menú, llamó a un mesero y, con toda sinceridad, dijo:

—Quiero un club sándwich triple con tocino extra, una malteada de helado de yogur con malvaviscos de chocolate y un pay de natilla de queso.

—¡Eso sí que fue sincero! —opinó Cindy.

—¿Tú quieres algo? —preguntó con caballerosidad Gonzo Luque.

—Un té verde.

La cita en el Café Escarabajo fue un poco accidentada. La gente no dejaba de acercarse al Capitán Garfio para tomarse fotos, el servicio no era muy bueno y el pay de natilla de queso llegó con el club sándwich triple. El antojadizo Gonzo encajó el sándwich y el pay en su garfio y comió todo al mismo tiempo, ante la mirada estupefacta de Cindy.

—¿Así comes siempre? —preguntó la chica con cara de quien encuentra un pelo en su té.

—Urghchupstulpuc —contestó Gonzo, con la boca llena de comida dulce y salada.

Ella esperó a que él terminara de tragar el enorme bocado y puso su delicada mano sobre el fornido brazo del baterista:

—Me recuerdas a alguien, pero no sé a quién —le dijo.

—¿A alguien malo, regular o fabuloso?

—No te preocupes: a alguien fabuloso. Me gustas mucho, aunque no sé bien por qué. ¡La pasión es rara!

La alegría de oír esa frase volvió a abrir el apetito de Gonzo:

—¿Puedo pedir otro sándwich?

—Tienes que cuidarte. Tu cuerpo me gusta. No me interesa que seas delgado y sin chiste; los brazos grandes van con tu personalidad.

—Por no hablar de mis pestañas, que son gorditas pero simpáticas. Mi mamá siempre dice eso.

—Tus pestañas son lindas. ¿Te puedo hacer una pregunta que tal vez no puedas contestar?

—Haz cualquier pregunta. ¡No podré contestar ninguna!

—¿A veces comes algo sano?

Gonzo se rascó la barbilla muy pensativo. Finalmente dijo:

—Una vez tomé dos cápsulas de vitaminas.

—Me refiero a la comida.

—¿Cruda o cocida?

—Como sea.

—¿Dulce o salada?

—Como sea.

—Una vez comí espárragos y fue muy asqueroso, no quiero hablar de eso. También he comido lechuga.

—¿Y cómo fue esa experiencia? —preguntó Cindy, con interés científico.

—La lechuga sabe a camisa.

A continuación, Gonzo detalló las muchas variedades de comida chatarra que le gustaban.

—Las hamburguesas, las pizzas y los pasteles son sabrosos, pero también debes comer otras cosas —opinó la nutrióloga Buendía—. La comida chatarra hace que tu sangre sea más espesa y tape las arterias; te puede dar un infarto.

—¿Qué debo comer?

—Frutas y verduras.

En ese momento, Gonzo Luque supo que la vida puede ser muy extraña. La chica más fabulosa del mundo hablaba de lo más horrible del mundo. ¿Era eso normal? Se frotó el ojo que no tenía parche, tratando de despertar de un sueño. Cuando lo abrió, Cindy lo miraba, hermosa e incomprensible.

—Tú odias las limusinas y el rock. Yo odio las frutas y las verduras. Cada quien tiene sus gustos —Gonzo resopló con firmeza.

Ella lo tomó de la mano y dijo con voz suave:

—Puedes hacer lo que quieras, estoy a favor de la libertad. Te hablo de la comida porque soy nutrióloga y hay cosas que te pueden hacer daño. Pero eres tú quien decide.

Acto seguido, se puso de pie, se inclinó sobre la mesa con suave agilidad y besó los labios de Gonzo, dejándole un sabor a té verde.

El baterista sintió un redoble por dentro. Luego pensó: "Soy libre, Cindy acaba de decirlo: puedo hacer lo que quiera".

Sostuvo la pequeña mano de la chica en su enorme palma, y decidió libremente poner atención en lo que ella decía.

Había entrado al curioso mundo del amor, donde lo que uno quiere se le puede ocurrir a otra persona.

—¡Qué rara es la vida! —exclamó Gonzo Luque.

—¿Sólo es rara?

—¡También es maravillosa!

Gonzo besó a Cindy y el corazón le latió como un motor. La emoción y la comida lo acaloraron mucho. Sin pensarlo dos veces, se quitó el sombrero, el saco y hasta el parche.

Al verlo sin disfraz, los asistentes al Café Escarabajo gritaron:

—¡¡¡Gonzo Luque!!!

La gente se puso de pie para pedirle autógrafos, pero Cindy Buendía los contuvo con decisión:

—Esta nariz es mía —señaló la cara del baterista, que se sonrojó como un tomate.

Las personas que acudían al Café Escarabajo eran muy comprensivas y casi todas leían novelas de amor. Al escuchar a Cindy, se quedaron en sus mesas y suspiraron con una mezcla de admiración y respeto. Luego alguien gritó:

—¡Qué vivan los novios!

Todos aplaudieron y así se conoció en público el romance entre el gran baterista y la nutrióloga feminista.

Un laberinto
de telarañas

Gonzo estaba en un aprieto. Amaba a una chica que le decía verdades incómodas y le proponía comer cosas sanas. Nunca le había sucedido algo así. Jamás había tenido tantas novias como el hermoso Ruperto Mac Gómez, bajista de Nube Líquida, que cuidaba su rostro en las noches con mascarillas de puré de pepino.

Aunque de vez en cuando salía con alguna chica, Gonzo pasaba la mayor parte de su vida sentimental con su gigantesco oso de peluche. Se veía a sí mismo como un solitario que sólo necesita la compañía de una torta de jamón y queso.

Pero ahora soñaba con Cindy, pensaba en Cindy, suspiraba por Cindy, dialogaba mentalmente con Cindy (¡él, que casi nunca hablaba con nadie!). ¿Era ella el amor de su vida?

Buscó a Ruperto Mac Gómez, especialista en amores que duran poco, pero había salido con una chica. Buscó a Nelson Farías, tecladista de Nube Líquida, que quería bastante a su novia (aunque no tanto como a sus diecisiete perros), pero estaba en el veterinario. Buscó a Ricky Coyote, guitarrista y líder del grupo, experto en problemas de todo tipo, pero había ido a apoyar a una tribu que luchaba por salvar la selva.

Entonces consultó el tema con el más joven de sus amigos, Pablo Coyote, estupendo para oír a los demás.

A los 12 años, Pablo había salvado al grupo de rock Nube Líquida cuando su hermano Ricky sufrió un accidente y logró sustituirlo milagrosamente. Ahora tenía 15, y ya estaba acostumbrado a relacionarse con gente mayor y a aportarles ideas. Había llegado a la banda como suplente de Ricky, pero se había convertido en el imprescindible quinto músico del grupo o, como decían los periodistas de rock, en la "quinta nube".

La edad de las personas no depende de los años que tienen, sino de la forma en que han vivido esos años. El enorme Gonzo Luque era mucho más infantil que Pablo; en sus momentos de crisis se abrazaba a su enorme oso de peluche como un bebé (bueno, un bebé con bigotes).

Pablo escuchó con atención a su amigo. No le gustaba tomar decisiones a la ligera y trató de entender lo que Gonzo decía en forma atropellada:

—Cindy es lo máximo pero odia el tocino; es bellísima y no le gusta que yo me rellene de queso amarillo con cátsup; la amo y no quiere que la grasa me tape las venas; es positiva y guapísima, ¡pero me está quitando mi club sándwich triple! Lo hace por mi bien, lo sé, ¡pero mi bien no me gusta! Bueno, me encanta estar con ella y hacerle caso, ¡pero también adoro el tocino!

—Nunca te había oído decir tantas palabras seguidas —comentó Pablo ante este caótico discurso.

Después de un momento de reflexión, el guitarrista agregó:

—No puedo opinar sin verte con Cindy. La conozco desde que era niño y sé que es fabulosa; ayuda a todo mundo y tiene ideas muy claras, pero necesito verla contigo para saber cómo se llevan. La verdad, no pensé que se pudiera enamorar de ti. Creía que le gustaban los buzos que salvan a las ballenas.

—¡Yo podría salvar a una ballena! —presumió Gonzo.

—Más bien una ballena te podría adoptar a ti: pareces su hijo.

—Sí, estoy gordo, lo sé. ¡Búrlate de mis lonjas, agrede mis cachetes, ofende mi panza!

—Tranquilo: eres corpulento, y haces más ejercicio que nadie al tocar la batería, pero no cuidas tu alimentación.

—Deja de decir cosas desagradables. Suenas como una persona que conozco. Por desgracia, tú no tienes la piel color avena ni pecas fabulosas.

Pablo le propuso a Gonzo salir de paseo con Cindy. Él llevaría a Azul, su novia adorada, y así conocería mejor la situación:

—Podemos navegar por el río, en el yate de Ricky —propuso Pablo.

—Imposible: Cindy odia los lujos de los rockeros.

—Pregúntale qué se le antoja y haremos lo ella diga.

Además de nutrióloga y feminista, Cindy Buendía era rara. Al menos eso pensó Gonzo cuando la invitó a salir en compañía de Pablo y Azul y ella dijo:

—Genial, podemos ver la exposición de Máximo Carlos: acaba de hacer instalaciones con telarañas. No usa insectos cualquiera, sino unas arañas muy radicales donde las hembras trabajan y los machos cuidan a las crías.

Gonzo llamó a Pablo para decirle con voz compungida:

—Cindy quiere ver arañas.

—Estupendo —contestó el joven guitarrista, que se adaptaba a todo sin el menor problema.

Los cuatro amigos fueron al Centro de Arte Clandestino. Por insistencia de Cindy, tomaron el metro en vez de ir en limusina o en el coche deportivo de Ricky Coyote, gran fanático de los vehículos.

En el trayecto, algunos pasajeros se les quedaron viendo. Un muchacho de ojos agresivos dijo:

—Esos idiotas se parecen a Nube Líquida.

Por lo visto, había partes de la ciudad (o por lo menos del subsuelo) donde el grupo de rock no era tan querido.

Gonzo le preguntó a Cindy con su típica sinceridad:

—¿Hay lugares donde no nos quieren?

Ella le explicó lo siguiente:

—Ustedes son demasiado famosos y están demasiado vistos, a la gente joven nos gusta lo diferente, lo rebelde.

Cindy Buendía tenía 20 años. En forma ultraveloz había terminado la carrera de nutrición. Era un poco más joven que Gonzo. A los 22 años, el baterista de Nube Líquida pensaba lo que todos los rockeros piensan a los 22 años: "¡Me estoy volviendo viejo!"

—¿Qué otra cosa no te gusta de Nube Líquida? —preguntó Pablo con interés.

Cindy guardó silencio, como si calculara con cuidado lo que iba a decir, y agregó:

—Ustedes son millonarios y tocan siempre lo mismo —acarició la mejilla de Gonzo y le preguntó—: ¿Te molesta que sea tan sincera? ¿Quieres una admiradora o quieres una novia que te diga la verdad?

—Quiero una chica con piel de avena que me quiera aunque sea millonario.

—Podrías hacer algo más útil con tu dinero.

—Compro camisetas, eso es bastante útil.

—Es útil para los fabricantes de ropa que a veces ponen a trabajar a niños pobres. Con tu dinero podrías construir una escuela para esos niños.

—¡Qué buena idea! ¡Y yo podría dar clases de batería! Es la única materia en la que habría destacado, si hubiera existido en mi escuela.

Mientras Cindy y Gonzo hablaban, Azul y Pablo los veían con atención, sorprendidos del entusiasmo del baterista frente a cosas que antes no le interesaban.

El Centro de Arte Clandestino era una antigua panadería. La sala de exposiciones había sido instalada en un enorme horno de ladrillos. Con gran habilidad, el artista Máximo Carlos había colocado unos cables de metal para que las arañas construyeran un laberinto.

A Gonzo le fascinó extraviarse en esa intrincada telaraña, pero lo que más le gustó fue lo que su novia le mostró:

—Mira las sombras que deja la luz.

La telaraña producía una delicada red en el piso.

—Esta sombra es tan bonita que no me atrevo a pisarla —dijo Gonzo.

Pablo Coyote se asombró de que, gracias a Cindy, su corpulento amigo se fijara en algo tan tenue como una sombra.

Al salir del laberinto, Cindy informó que Máximo Carlos donaba sus ganancias a los indígenas de Temazul, estupendos artesanos que gracias al artista ahora tenían una tienda en la ciudad.

—¿Cómo sabes tanto de Carlos Máximo? —preguntó Gonzo.

—Se llama Máximo Carlos.

—Perdón, Buendi Sandía, Cindy del Día.

Aunque nadie se rio con el chiste de Gonzo, él insistió con sus juegos de palabras:

—¿Cómo sabes tanto de Máximo Máximo?

—Porque fui su novia.

El baterista guardó silencio.

—¿Te molesta que te haya traído a la exposición de mi ex? ¡Los celos ya no están de moda, Gonzo! Además, esa relación pertenece al pasado.

—No estoy celoso. Me preguntaba si también a él lo pusiste a dieta.

—Antes de que lo conociera, Máximo Carlos ya era vegetariano.

Entonces sí, Gonzo sintió celos terribles del estómago de ese brillante artista, capaz de comer vegetales.

Volvió a guardar el incómodo silencio que sólo puede guardar alguien que se dedica a golpear tambores.

Es bueno soportar
lo que odias

Al salir de la exposición, Cindy propuso ir a La Barricada, un café alternativo donde todas las meseras tenían tatuajes y *piercings*.

—Estupendo —dijo Azul, que se había tatuado un pez ángel en la nuca.

Al ver a Pablo y a Gonzo, el dueño del local, hombre alto y flaco con corte de pelo mohicano, preguntó:

—¿No me digan que tocan en esa banda comercial llamada Nube Líquida?

Para no meterse en problemas, el ingenioso Pablo dijo:

—Somos los dobles de Gonzo Luque y Pablo Coyote. Cuando ellos filman un video, nosotros actuamos las partes difíciles: saltamos de un edificio, nos embarramos de lodo o atravesamos un incendio. Mientras ellos descansan, nosotros sufrimos.

El dueño de La Barricada quedó feliz con esta explicación:

—¡Bebidas gratis para los dobles de los inútiles de Nube Líquida!

Por lo visto, seguía habiendo lugares donde ellos eran famosos pero no muy queridos. Gonzo se sorprendió de conocer zonas tan extrañas del universo.

—Piensan que ustedes son presumidos porque no los conocen —dijo Cindy para tranquilizar a Gonzo.

—La verdad es que nuestro bajista, Ruperto Mac Gómez, es bastante presumido —dijo Pablo.

—No es fácil vivir con tantas presiones —opinó Azul—. A veces es peor que te quieran mucho a que te odien. Los fans se lanzan contra los músicos y les arrancan la ropa y trozos de pelo. Un coleccionista ruso compró un frasquito con el sudor de Ricky. Es algo tremendo. Yo los veo trabajar duro, sufrir como todas las personas y tratar de ser sencillos.

—Salvo Ruperto —insistió Pablo.

—Pobre: nació demasiado hermoso para ser modesto —comentó Azul, muy comprensiva.

—Lo hemos llevado a varias terapias de sencillez pero todas las doctoras se enamoran de él.

—¿Por qué no lo llevan con doctores? —quiso saber Cindy Buendía.

—Eso fue peor: los doctores desarrollan una envidia tremenda ante su éxito con las mujeres y lo maltratan horriblemente. Ruperto Mac Gómez está condenado a cautivar y a ser envidiado —explicó Pablo.

Azul, gran conocedora de música, le preguntó a Cindy si le gustaba el rock. Ella repitió lo que ya le había dicho a Gonzo:

—No.

—¿Por qué?

—No me disgusta la música, me disgusta lo que acabas de decir de los fans: en un concierto la gente deja de pensar, grita como loca, babea y trata a los músicos como ídolos, no como personas.

—Confieso que yo babeo ante una hamburguesa —admitió Gonzo.

—Lo sé. La gente se intoxica con el rock como tú te intoxicas con mala comida. Al principio, los rockeros querían liberar a la gente, hoy todo eso sólo es un negocio.

—Es un punto de vista interesante —opinó Pablo.

—Pero no se preocupen por mí: puedo vivir con las cosas que odio y ustedes me parecen muy simpáticos. Sé que son buenos músicos. Lástima que la gente se vuelva tan tarada al oírlos. La verdad es que a mí tampoco me gusta llamarme Cindy Buendía. Es el nombre de una tonta que quisiera ser una muñeca, pero ya me acostumbré. También me acostumbré al rock. Es bueno soportar lo que odias.

Aquella chica era muy especial, sin duda alguna.

Azul le dijo:

—Yo era una niña muy presumida y nada me gustaba. Luego cambié y puedo entender lo que dices.

Gonzo Luque fue al baño. En la pared del urinario vio los siguientes mensajes: "¡Muera el futuro!", "¡Destruir es amar!", "¡Devuélveme mi esperanza que no te la presté!", "¡Las tinieblas son mi luz!", "¡No hay mejor cielo que el abismo!" Aquel sitio no parecía muy positivo.

Definitivamente, Cindy era una persona compleja: siempre tenía ideas claras, pero le gustaban cosas difíciles de entender. No tenía *piercings*, pero iba a lugares de gente con *piercing*; era alegre, pero se llevaba bien con gente que parecía irritada y tremenda; no le gustaba el rock, pero le gustaba un baterista de rock.

De regreso a la mesa, Gonzo vio un inmenso bloque de hielo para enfriar cervezas y pidió que le sirvieran una rebanada. Ese fue el almuerzo de un baterista en crisis que no sabía cómo ponerse a dieta.

Se despidieron de Cindy en la estación del metro Alimaña (ella no quiso que la acompañaran hasta su casa: "Sé cuidarme sola", dijo).

Gonzo aprovechó la ausencia de Cindy para preguntarles a Azul y a Pablo qué les había parecido.

—Nunca te había visto tan interesado en una persona —comentó el guitarrista de Nube Líquida—. La miras como antes mirabas el espagueti con albóndigas.

—¡No menciones eso, que me abres el apetito!

—Te puedes superar mucho con ella —agregó Pablo—. Sólo te has dedicado a tus tambores, ya es hora de que busques lo que tienes dentro.

—¡Quisiera tener dentro una pizza con pepperoni!

—Me refiero a la vida interior, Gonzo. También la mente importa.

—Lo sé, me da pena no haber alimentado mi mente. El apetito no se me había ido al cerebro, pero ahora todo es distinto y… ¡no sé qué hacer! —el baterista abrió tanto la boca que mostró la campanilla.

—Pero no tienes que cambiar mucho, sólo tienes que mejorar —dijo Pablo.

—¿Y tú qué piensas, Azul?

—Cindy es fantástica —dijo ella—. No sabía que te gustaran las mujeres inteligentes.

—Yo tampoco —contestó Gonzo con melancolía.

—Tiene muchas iniciativas, sabe de todo, es alegre, y podría ser presumida pero no lo es —añadió Azul—: eso lo valoro mucho. Yo era pesadísima antes de que Zíper me ayudara a quitarme el orgullo. Acuérdense que me llevó a su laboratorio, registró mis emociones y mi vanidad se fugó en el aire.

En ese momento, los ojos de Gonzo adquirieron un brillo extraño. Azul había pronunciado una palabra clave: "Zíper". ¡Claro, ahí estaba la solución! Debía visitar al científico, Zíper era tan genial que podría inventar una salsa mágica para que la lechuga no supiera a camisa.

El bosque de los árboles doblados

Mientras tanto, en Michigan, Michoacán, el profesor Zíper enfrentaba otro problema: los brócolis de toda la comarca tenían una plaga conocida como "calambre vegetal", incluidos los de su propio jardín.

En Mich., Mich., los brócolis crecen tanto que forman bosques enormes. Se trata de algo maravilloso. Gracias a eso, la fértil región produce numerosos productos orgánicos, incluida la gasolina de brócoli, que no envenena el aire y se evapora con aroma de sopa.

Pero a los brócolis les pasa lo mismo que a las niñas y los niños que crecen rápidamente: de pronto, a media noche, sufren fuertes calambres. No se quejan porque no hablan, pero padecen bastante. Que una rosa se doble en un florero es triste pero no terrible. Que un bosque se doble es una amenaza nacional.

En el momento en que se ubica esta historia, la verde región de Michigan se había convertido en una catástrofe. De tanto crecer, miles de brócolis habían contraído el calambre vegetal. Eso nunca había sucedido antes.

El presidente municipal de Mich., Mich., dormía tres siestas diarias, atendía los asuntos del pueblo en quince minutos y le

sobraba tiempo para jugar dominó en la cantina El Caballito, ubicada frente a la iglesia de Santa Pantufla. Cuando las campanadas daban las ocho de la noche, regresaba a casa a cenar chocolate con churros en compañía de su señora esposa.

Esta vida tranquila se había visto interrumpida por la ola de calambres vegetales. El bosque que antes era orgullo del pueblo se había convertido en un conjunto de árboles blandos, derrotados, que arrastraban sus ramas por el suelo.

De nada sirvió que los guardas forestales fumigaran hasta la más mínima hoja. Tampoco ayudaron los remedios caseros. Según la tradición, si se enterraba una hojita de perejil al pie de un brócoli, la planta se daba mejor, pero un batallón de voluntarios enterró hojitas de perejil junto a los brócolis sin ningún resultado.

El pueblo entero sabía que la única persona capaz de ayudar era Dignísimus Zíper. Aunque entendió la gravedad del asunto, pues vivía de los brócolis cultivados en su jardín, el profesor pidió que le dieran unos días para reaccionar. Ese domingo el Atlético de Michigan disputaba la Copa del Buey, gran torneo de la comarca. Zíper era tan aficionado al futbol, que se ponía nervioso siete días antes del partido. Si el Atlético ganaba, la felicidad lo tenía ocupado otros siete días. Si perdía, ponía una bandera negra en su casa y se encerraba a pensar en el fin del mundo.

No es fácil convencer a alguien tan apasionado de que se dedique a otras cosas. El presidente municipal y varios comités de ciudadanos buscaron al eminente científico, pero él no abrió su enorme portón verde. Desde la calle, los visitantes oyeron el rock con que el genio se relajaba. El tocadiscos, perfeccionado con bocinas de su invención, lanzaba esta estruendosa melodía:

Yea, glupi-lupi, yea, corazón.
Yea, glupi-pollo, eres mi bombón.

¿Qué clase de científico oía esa música? Sólo uno en el mundo.

—Este ciudadano no escucha el timbre —dijo el presidente municipal e invitó a todos a la cantina El Caballito.

Por suerte, para el destino de la naturaleza, el Atlético de Michigan ganó la Copa del Buey con un golazo del delantero Cachorro Guau-Guau López. El profesor pasó siete días de excelente humor, después de los cuales recibió la información de que todos los árboles de la región estaban doblados.

—El tiempo es largo y la vida corta —respondió el científico.

Los visitantes guardaron silencio, esperando otra explicación.

—¡Eso quiere decir que tenemos prisa! —Zíper alzó los brazos.

Por su parte, la mascota de Zíper, que era un cerdito conocido como Pig Brother, dobló las orejas. Cada vez que el científico tenía prisa, sucedían demasiadas cosas para el carácter de un cerdo apacible.

Con enorme curiosidad científica, el profesor quiso saber más del asunto:

—¿Los árboles se doblan al estilo de un plátano, de una manguera, de la plastilina, de un maestro de yoga, de una contorsionista china o de un burro que cargó demasiada leña?

Los ciudadanos distinguidos se llevaron las manos a las bocas, sin saber qué decir.

—El brócoli es muy sensible a los estados de ánimo —explicó Zíper—; tiene savia italiana y es una de las plantas más temperamentales que hay.

—¿Qué es la savia? —preguntó un ciudadano para intervenir en la conversación.

—Es la sangre de los vegetales. Los brócolis pueden ser afectados por el clima y contraen virus. Pero eso se agrava si están tristes o preocupados.

—Perdone, distinguido profesor, pero las plantas no son personas, no creo que los brócolis reaccionen así.

—¡Las plantas tienen personalidad! Todo mundo sabe que crecen mejor si les hablan bonito y les ponen música agradable. Mi tía Diabetes es buenísima cultivando flores. Ante cada maceta, recita con voz cariñosa:

Plantas que están tan locas
Abran sus grandes bocas
Reciban agua mojada
No es whisky ni limonada.

Uno de los visitantes, que en sus ratos libres escribía poemas sobre las nubes, comentó lo siguiente:

—Me parece raro que su tía hable de "agua mojada". ¿Hay de otra?

A lo que Zíper respondió:

—La tía Diabetes es una poeta realista y está científicamente comprobado que el agua mojada es real. Pero no nos desviemos del tema: nuestros árboles se han enfermado y eso sólo es posible si se les bajan las defensas. ¿Ha habido tragedias en la región?

Los visitantes se miraron unos a otros, sin atreverse a responder.

—¡No sé para qué pregunto eso! —Zíper tocó su larga melena—. Todo el mundo lo sabe. ¡Claro que ha habido tragedias! En los últimos años, la gente ha muerto, ha sido secuestrada y amenazada en todo Michoacán. La naturaleza reacciona ante lo que hace el ser humano. No es raro que a los árboles se les hayan bajado las autodefensas.

—¿Y qué podemos hacer? —un visitante resumió lo que los demás pensaban.

—Esto no había sucedido antes. El remedio debe ser inventado —contestó Zíper—. Déjenme trabajar.

El profesor era estupenda persona, pero tenía poca paciencia. Empujó a los visitantes hacia la puerta para que lo dejaran en paz. Jaló los pelos de su larga melena y fue a su laboratorio a prepararse el chocolate con aceite de castor que le daba energía para trabajar muchas horas seguidas.

Pero no se pudo concentrar porque sonó el teléfono. Era el presidente municipal, que, por primera vez en su vida, había descubierto que la prisa existe: quería saber si el remedio ya estaba listo.

—Hago inventos, no milagros —dijo el profesor y colgó el teléfono.

Al poco rato, el teléfono sonó otra vez. Zíper decidió desconectarlo.

Esa llamada no era del presidente municipal. Había sido hecha por el angustiado Gonzo Luque.

Durante el resto del día, Gonzo marcó y marcó los números de Zíper con ritmo de baterista nervioso. No hubo respuesta ni ése ni los siguientes días.

Desesperado, el bigotón de las percusiones llamó a Pablo Coyote para preguntarle cómo llegar a Michigan, Michoacán. Recordaba que el joven guitarrista había ido ahí en busca de una cuerda para su guitarra eléctrica.

—Tienes que tomar el Expreso de Michigan. No es muy rápido, pero lavan los asientos una vez al mes y no todos están rotos —informó Pablo.

Ese transporte no sonaba magnífico, pero no había más remedio que ir al pueblo de Zíper.

Llamó a Cindy y con voz quebrada le dijo:

—Necesito un invento para soportar la comida sana.

Le contó que iría en busca de Zíper.

Cindy Buendía acababa de conseguir su primer trabajo como nutrióloga en un hospital de alto prestigio, donde cada vaso se lavaba seis veces. Aquel estupendo sanatorio ponía tanta atención en limpiar los platos y los cubiertos, que nadie se fijaba en los restos de comida que a veces caían al piso. Esto provocó que el sitio se llenara de ratones. Justo cuando Gonzo le habló a Cindy, ella acababa de saber que tendría unos días libres porque fumigarían el hospital.

—¡Voy contigo! —le dijo a Gonzo—. ¿Llevo bikini?

—Claro —contestó el baterista.

No sabía si se podía nadar en Michigan, pero quería ver a su novia en bikini.

Así, mientras Zíper pensaba en una solución para los brócolis, Gonzo Luque y Cindy Buendía iniciaron un viaje que cambiaría la historia de la ciencia.

Pero no nos adelantemos: a las ocho de la noche el tiempo se suspendió en Michigan, Michoacán. Zíper hizo una pausa en sus experimentos para ver en la tele la repetición del golazo con el que *Cachorro Guau-Guau* López logró que el Atlético de Michigan ganara la Copa del Buey.

—¡Goooooooool! ¡Viva la puntería! —gritó el profesor, como si nunca antes hubiera visto esa jugada.

¿Cómo se ofende
una alcachofa?

Uno de los secretos de la investigación científica es que la mayor parte del tiempo no sirve para nada. Los genios buscan y buscan soluciones, pero no las encuentran de inmediato. Lo normal ante cada misterio de la naturaleza es que las respuestas tarden en aparecer. A veces se necesitan siglos y varias generaciones de científicos para comprender qué diablos pasa en los planetas remotos o en los insectos cercanos.

"La ciencia es como el futbol —pensó Zíper—: Durante casi todo el partido no caen goles. Pueden transcurrir 89 minutos y 59 segundos sin que suceda nada importante y, de pronto, en el último segundo del partido, el fantástico Cachorro Guau-Guau López puede anotar un golazo. Los inventos son iguales: hay que echar a perder muchas cosas antes de que llegue el golazo."

Mientras pensaba esto, tomaba muestras de su jardín, las ponía bajo el microscopio, les echaba sustancias contrastantes, las hervía en un matraz, hacía pruebas con venenos y pesticidas, arrojaba gotas experimentales sobre distintos tipos de hojas y calculaba las burbujas que debía tener el agua caliente. Todo mientras bebía chocolate.

Antes de hacer pruebas con el brócoli, Zíper hizo experimentos con una alcachofa, planta más dura, rodeada de hojas que parecen escudos. "Si triunfo con la acorazada alcachofa, triunfaré con el suave brócoli", pensaba.

Con una jeringa infectó la alcachofa de distintos virus y le puso hielo para que se sintiera en invierno. La planta estaba enferma y afectada por el clima, sólo faltaba ponerla de mal humor para que se le bajaran las defensas. Vino entonces la gran pregunta científica: ¿Cómo se ofende una alcachofa?

Zíper pensó lo siguiente: "Si yo fuera alcachofa, odiaría a las zanahorias, que tienen un color ridículo. ¿Cómo se le ocurre a un vegetal no ser verde? Y, sobre todo, ¡cómo se le ocurre ser anaranjado!"

Guiado por esta idea, le dijo a la alcachofa:

—Tu cara, tus cejas y tus nalgas son color naranja.

Obviamente, la planta no se dio por enterada. Zíper había pensado en un color ofensivo para la alcachofa, pero le imaginó cuerpo de persona. Con autocrítica, se corrigió a sí mismo y dijo:

—Tu tallo, tus hojas y tu corazón son espantosamente anaranjados.

No sucedió nada por la sencilla razón de que las plantas no hablan idiomas. Zíper estaba tan agitado que había llegado a uno de los grandes problemas del pensamiento científico: podía entender lo complicado y olvidar lo simple.

Durante un día y medio trató de reproducir en la alcachofa el padecimiento de los brócolis.

El resultado fue el siguiente:

—Cinco frascos se rompieron.

—Distintas sustancias (algunas de ellas apestosas) fueron a dar al suelo.

—La tapa de una olla exprés salió volando, se estrelló en el techo del laboratorio y dejó una marca con forma de hot cake.

—Las manos del profesor se tiñeron de espantoso color violeta.

—La alcachofa se endureció todavía más y adquirió el aspecto de una granada militar.

Pig Brother observó los destrozos desde su cama acolchonada. Aunque trataba de cerrar sus párpados, adornados por largas pestañas, no podía dejar de ver el desastre que su amo hacía en nombre de la ciencia.

Pig odiaba la suciedad, le encantaba que lo bañaran con champú para cabello rebelde y detestaba las marranadas que el profesor hacía en el laboratorio. Quería mucho a su dueño, pero prefería estar lejos de él cuando las cosas fallaban. Y ése era un momento científico en que todo fallaba.

Jalándose los pelos, Zíper le gritó a la alcachofa:

—¡Horrorosa planta sin chiste: dóblate un poco!

No encontró la manera de reproducir en esas hojas endureci-

das la plaga de los brócolis. Rebanó uno entero con un serrucho hasta que el laboratorio pareció el recipiente de una inmensa ensalada. Hirvió los trozos, les puso miel, los sometió a reacciones de bromuro, utilizó recursos de rayos X y electrofrenética, arrojó un rayo láser sobre las hojas, les agregó potasio y vitamina X, las metió en la licuadora, las convirtió en puré, en fin, hizo todo lo que las manos y los cacharros de laboratorio pueden hacer para transformar un árbol de brócoli en un batidillo.

Zíper se sentó sobre lo que quedaba del tronco de brócoli y dijo:

—Soy un fracaso. No entiendo lo que le pasa a los brócolis. La ciencia es más difícil que el futbol: no puedo anotar como Cachorro Guau-Guau López.

Entonces se vio al espejo: se había llevado las manos a la cara y ahora tenía diez rayas violeta en sus facciones. "¡Estoy dentro de una cárcel! —pensó—: Estas rayas son mis barrotes. Me he encerrado en una cárcel mental."

—¡¡¡Libérenmeeeeeee!!! —gritó con tal fuerza que tardó en advertir que sonaba el timbre de la puerta.

Se dirigió a la entrada, murmurando para sí mismo:

—¡Qué capacidad de fallar! Perdóname, Kepler; discúlpame, Newton; ten piedad de mí, Einstein —dijo con su acostumbrada exageración, recordando a sus científicos favoritos.

Luego recordó que esos genios habían fracasado en muchas cosas antes de descubrir los secretos del universo.

Una tarde feliz, Newton vio caer una manzana de un árbol y supo que los objetos eran atraídos por la fuerza de gravedad de la Tierra. ¿Qué hubiera pasado si la manzana no cae del árbol?

A veces se necesita una simple coincidencia para tener buenas ideas. Zíper todavía no lo sabía, pero el destino llamaba a su puerta bajo los nombres de Gonzo Luque y Cindy Buendía.

La voluntad de las plantas

Zíper abrió la puerta y los visitantes descendieron con cuidado los escalones quecosaédricos a prueba de ladrones.

Gonzo y Cindy se adentraron en la singular construcción adaptada a los caprichos del profesor: sala para ver partidos de futbol, estudio para oír música, cuarto de colecciones —con huesos, conchas, piedras, canicas y juguetes—, alacena con antojos de todo tipo, baño con tina gigante, clóset de escobas peinadas y clóset de escobas despeinadas.

Pig Broher corrió para saludar a los recién llegados. Su cola de tirabuzón se desenrolló de gusto cuando vio que Gonzo le había traído de regalo una mazorca de excelente tamaño.

Luego, los visitantes contemplaron el tiradero en el laboratorio.

—¿Qué pasó aquí? —preguntó Gonzo.

—La ciencia está de malas en la calle Brócoli —dijo Zíper, como había dicho muchas veces en su vida.

Entonces el baterista mostró uno de los más admirables rasgos de su carácter. Sin preguntarle nada a nadie, localizó una cubeta, una buena jerga, un trapeador contundente, algunas esponjas mullidas y emprendió la limpieza del lugar. Con la energía con la que tocaba un solo de veinte minutos, pulió, ce-

pilló y secó con cuidado hasta la más pequeña botellita. Al final de cada maniobra, arrojaba vaho y frotaba la superficie con su camiseta extragrande.

Cada plato quedó pulido como un espejo. Cindy le dijo:

—Puedo ver tus ojos reflejados en el plato.

—Déjame frotarlo otro poco —contestó Gonzo—. ¡Ahora yo puedo ver tus pecas!

Cindy admiró la entrega de su novio. En los conciertos, Gonzo solía lanzar las baquetas al aire y atraparlas justo a tiempo para hacer un redoble en los platillos. Esta habilidad manual le permitía lavar con prisa y cuidado, características que no siempre llegan juntas. El laboratorio adquirió la agradable fragancia de la limpieza y dos dichosas burbujas de jabón atravesaron el aire.

Cuando el científico alzó la vista, preguntó:

—¿Dónde estoy?

Hablaba como si hubiera llegado de muy lejos.

—En el laboratorio, profesor —informó Gonzo.

—Está desconocidamente limpio.

—Se hace lo que se puede —Gonzo limpió la espuma que le había quedado en la frente.

—¿Y quién es esta chica que mejora el mundo con sus ojos? —preguntó el profesor.

—Cindy Buendía, nutrióloga y feminista —se presentó.

—También es mi novia —aclaró Gonzo.

—¡Qué suerte tienen los bateristas! —dijo Zíper—. ¿Cómo está la banda?

—Parece ser que nos hemos vuelto demasiado famosos y comerciales. Aparte de eso, nos va bien —dijo Gonzo.

—¡Pero qué descortesía la mía! No les he ofrecido nada de tomar. ¿Un chocolate caliente? ¿Con aceite de castor doble o triple?

—¿Tiene té verde? —preguntó Cindy.

—¡Dios mío!, ¿para qué? —Zíper la vio como si ella fuera un marciano—. En esta casa no hay brebajes exóticos.

—Perdón, profesor, pero tiene rayas violetas en la cara. Eso es un poco exótico.

Aunque Zíper ya se había visto al espejo, hasta ahora recordó su cara pintada.

—¡Es cierto, parezco una cebra! Una cebra mutante con rayas violetas. Gonzo querido, ¿podrías lavarme la cara?

El baterista puso jabón líquido en sus grandes manos y las pasó sobre el rostro del científico.

—¡Qué masaje tan estupendo! ¡Me siento tan sonoro como un tambor! —Zíper había recobrado su entusiasmo.

Pig Brother sabía que su dueño tenía dos estados de ánimo: la desesperación y la felicidad. Vio que el profesor estaba contento y se le acercó, restregando su hocico en el pantalón del genio:

—Es el momento de tu cereal porcino. He inventado las mejores cerdi-hojuelas de la región. A Pig Brother le encanta esta mezcla hecha con granos para cerdos caseros.

—Si no hay té, ¿me puede dar un vaso de agua? —preguntó Cindy.

—¿Agua sola? ¿Te refieres a agua mojada?

—Normalmente el agua está mojada.

—Eso ya lo dijo una gran poeta, mi tía Diabetes.

—Me gusta el agua mojada —opinó Cindy.

—¡Qué rara es la gente! Habiendo mezclas de choco-yogur y refrescos de ultrajamaica, ¿cómo puedes tomar algo tan insípido?

—El agua no es insípida. Hay muchos tipos de agua. Si te concentras, tiene sabores. No es lo mismo tomar agua de botella, que agua de río o de lluvia…

Cindy no pudo seguir porque el profesor la miró con los ojos desorbitados:

—Eres la chica más inteligente que he conocido en la vida. Acabas de salvar de la muerte a un bosque de brócolis —dijo el profesor, y corrió de inmediato a su laboratorio.

¿Qué había sucedido? Era difícil saberlo.

Gonzo y Cindy tuvieron que esperar dos horas para que el científico volviera a dirigirles la palabra. Pero en vez de explicarles algo, preguntó:

—¿No tienen hambre? ¡Es tardísimo!

Sin esperar a que ellos contestaran, tomó su teléfono y pidió comida china a domicilio.

—Con palillos extra —agregó.

Las delicias del Dragón Amarillo

Minutos después, los tres amigos cenaban maravillas de Oriente: pato laqueado, rollo primavera, empanada tipo "ciudad prohibida de Pekín", camarones agridulces, fideos al estilo "bigote de Confucio", arroz blanco, arroz frito y arroz misterioso.

—Esta comida es la prueba de que lo sabroso puede ser sano —comentó Cindy.

—Siempre he admirado la sabiduría de los chinos: inventaron la pólvora, la brújula, el papel, los perros pekineses y la paciencia china. Yo soy muy desesperado. Si fuera mitad chino y mitad michoacano, me pondría menos nervioso en los partidos del Atlético de Michigan.

El profesor había pedido palillos extra para que Gonzo hiciera redobles en la mesa, como si fuera una batería. Animados por el ritmo de Gonzo, hablaron de Pablo, Azul, Ricky y los demás miembros de Nube Líquida.

—No recuerdo cuándo fue la última vez que comí —dijo el profesor, atacando un camarón agridulce.

Cindy miraba con asombro a ese hombre tan distraído. Le parecía simpático, pero aún no sabía qué pensar de él. Gonzo recogió los platos para lavarlos de inmediato con una montaña de espuma. Cuando tomó el de su novia, vio que ella había hecho un dibujo: con los fideos que quedaron en su plato, había trazado la silueta de una mariposa.

—¡Es una obra de arte! —le dijo a Zíper.

—Te noto científicamente cambiado, querido Gonzo: antes hubieras lavado el plato sin notar que los fideos formaban una mariposa. Te estás fijando en cosas pequeñas y delicadas.

—Ahora el mundo me gusta más: ¡se parece a Cindy!

Mientras Gonzo lavaba la vajilla, el profesor descubrió una bolsa que no había pedido al Dragón Amarillo:

—Siempre me mandan un regalo. Soy el principal cliente del Dragón Amarillo.

La bolsa contenía una jarra de té y galletas de la suerte.

—¿Qué es esto? —preguntó Zíper.

—Té verde —informó Cindy.

—Bébelo tú.

—¿No quiere probarlo?

Zíper era un gran hombre de ciencia. Sabía que hay que experimentar las cosas antes de hablar de ellas. Bebió un traguito de té y dijo:

—Sabe a pelos quemados.

—Los pelos quemados pueden ser ricos, igual que el agua mojada.

El rostro de Zíper se iluminó:

—¡¿Cómo no les he contado?! El hambre me nubló la mente. Tengo la solución para los brócolis doblados.

—¿Los brócolis están doblados? —preguntó Gonzo.

—¿No los vieron en el camino? —preguntó Zíper.

—Sólo veía a Cindy —dijo Gonzo.

—Y yo a Gonzo —dijo Cindy.

El profesor contó lo que pasaba en la región. La vida de Michigan dependía de la producción de brócolis y los árboles tenían una plaga tremenda.

—Han crecido mucho y les dio calambre vegetal —explicó—. Pensé que la causa sería un virus venido de lejos, tal vez traído por una abeja, pero no era así. Hice toda clase de pruebas y fallé. De pronto, tú hablaste del agua y me diste la solución, querida Cindy. Dijiste que hay distintos tipos de agua. Los brócolis se alimentan de lluvia y esto me llevó a preguntarme lo siguiente: ¿Ha cambiado el agua de lluvia? Corté unas hojitas de brócoli, las puse bajo el microscopio y estudié los restos del agua que han bebido. ¡Es agua podrida!

—¿Por qué pasa eso? —preguntó Cindy con interés.

—Ahí está la clave: la lluvia de la región se produce cuando se evapora el agua en la Laguna de Cuchillitos. Hace unos meses, una fábrica que prepara polvo de cebollas para engordar gallinas compró la laguna entera. Hubo protestas de todo tipo, pero el gobernador recibió un gran regalo de la compañía y no clausuró la fábrica.

—¿El polvo de cebollas es alimento para las gallinas? —Cindy habló con interés de nutrióloga.

—Le dicen "polvo de cebollas" pero en realidad es una mezcla de aserrín, jabón, hormonas y queso rayado que engorda a las gallinas. La gente que come huevos de esas gallinas también engorda como si hubiera comido aserrín con jabón y hormonas.

—Lo único sano parece ser el queso rayado —comentó Cindy Buendía.

—No, porque es mitad queso y mitad plástico.

—¿Habré comido yo de esos huevos? —se preguntó Gonzo—. Me empieza a preocupar mi dieta.

El profesor siguió exponiendo sus ideas, sin reparar en la pregunta del baterista:

—Los desechos de la fábrica van a dar a la Laguna de Cuchillitos. Por eso el agua está envenenada y por eso los brócolis reciben lluvia cochina.

—¿Pueden aliviarse con agua limpia?

—Estoy a punto de resolver el problema pero todavía falta algo: hice el experimento de regar con agua purificada mi jardín. Los árboles se enderezan un poco, pero no lo suficiente. Tenías razón, querida Cindy: el agua puede tener distintas cualidades. Sin embargo, no basta con el agua limpia para que las plantas se recuperen. También hay que tomar en cuenta el aspecto emocional: el bosque está deprimido, decepcionado de la gente que lo rodea. Ha habido muchas desgracias en esta zona. Es necesario que los árboles recuperen el ánimo; son seres vivos, necesitan cariño. Mi tía Diabetes le habla a las flores… ¡Claro! ¡Debo invitar a Diabetes! Ella puede alegrar a las plantas.

Dicho esto, el profesor cayó en hondos pensamientos y los dijo en voz alta:

—No sé si Diabetes pueda ser capaz de aliviar a todo un bosque, normalmente se ocupa de una maceta.

Gonzo Luque estaba sumido en otro tipo de pensamientos:

—No sé ustedes, pero yo aún tengo un poco de hambre. Nos quedan tres galletas de la suerte.

Al profesor no le gustaban las galletas, pero le divertía que tuvieran un papelito dentro con un mensaje.

—Es cierto —dijo Zíper—. Veamos qué dicen.

Cada quien partió su galleta. Los mensajes eran bastante complicados.

El de Gonzo decía: "La verdad es roja y redonda".

El de Cindy decía: "Encuentra mañana lo que perdiste ayer".

El de Zíper decía: "El espejo siente cosquillas".

—¡Estos chinos!, ¡siempre haciéndose los misteriosos! —opinó Zíper.

—No entiendo ningún mensaje —dijo Gonzo.

—No te preocupes —le contestó Zíper—, la sabiduría china se comprende poco a poco. Con el tiempo, el mensaje te parecerá lógico. Me pregunto qué significarán las cosquillas del espejo. Por ahora tenemos otro misterio que resolver: debemos mezclar agua pura con cariño para que los brócolis revivan. Así tendrán alimento natural y alimento espiritual.

—¿Y cómo se les da cariño a las plantas?

—De eso se ocupará mi tía Diabetes. Domina la voluntad de las plantas.

Se hizo un silencio y oyeron un ronquido parejo y sereno. Pig Brother dormía como un cerdo en su cama acolchonada.

—¿Qué hora es? —preguntó Zíper—. ¡Por Einstein bendito, se ha hecho tardísimo! Los llevaré al cuarto de invitados. Tienen toallas de tres tamaños y edredón con plumas que no causan alergias. Vienen de gansos criados en escuela activa. ¡Qué bueno que están aquí! Necesitaba sus cerebros para pensar mejor.

—Yo sólo hice la limpieza —comentó Gonzo.

—Los grandes cambios del mundo comienzan cuando alguien recoge la basura. ¡Eres mi héroe, Gonzo Luque!

—Se hace lo que se puede, profesor —dijo el baterista.

Zíper se tocó la barbilla y volvió a hablar:

—Ah, les hago una pregunta que tal vez los sorprenda: ¿por qué están aquí?

—Vinimos a pedirle un favor —comentó Gonzo—, resulta que…

—¡En estos días sólo le hago favores a mis brócolis! Ayúdame con eso, y luego te ayudaré, hermano rockero.

Dicho esto, se fueron a dormir y la casa se sumió en ronquidos de cuatro tipos:

Porcino y gentil, a cargo de Pig Brother.

Suave y soñador, a cargo de Cindy.

Poderoso y leal, a cargo de Gonzo.

Inquieto y vibrante, a cargo de Zíper.

No hay dos aguas iguales y no hay dos ronquidos iguales. De distinta manera, los cuatro habitantes de la casa durmieron muy bien.

Diabetes Crónica

Los árboles purifican el aire y el aire limpio ayuda a dormir. Cindy y Gonzo, de por sí cansados por el viaje, tuvieron el sueño más profundo de sus vidas.

Bueno, el sueño del baterista fue *casi* perfecto. En un momento soñó con una hamburguesa Alaska particularmente apetitosa, pero cuando le iba a dar un mordisco vio que estaba hecha de horrible espinaca. Despertó con una taquicardia de cinco tambores, y pensó para sus adentros: "Si Zíper no logra que la comida sana sea sabrosa, moriré comiendo porquerías muy sabrosas". Por suerte, pudo volver a conciliar el sueño y roncó tranquilamente hasta entrada la mañana.

Cuando Cindy y Gonzo despertaron había música en la casa. El ritmo parecía ideal para remontar una ola en una tabla de surf.

Los invitados fueron a la sala a ver qué sucedía. El profesor aplaudía mientras una mujer regordeta giraba como un trompo:

—Les presento a Diabetes, enferma por naturaleza y bailarina por vocación —dijo el profesor y bajó el volumen del tocadiscos. Entonces la recién llegada se presentó con estupenda educación:

—Diabetes Crónica, para ayudar en lo que haga falta.

—¿Ése es su nombre completo? —preguntó Cindy, que conocía la enfermedad que así se llamaba.

—"Diabetes" es mi nombre, "Crónica" mi apodo.

—Mi tía ha sufrido mucho, pero es una mujer feliz —explicó Zíper.

—He tenido casi todas las enfermedades del mundo. Una de las pocas que me falta es precisamente la diabetes, que viene de comer demasiada azúcar. Cuando nací, el doctor le explicó a mi papá que yo tenía la sangre más dulce de lo normal. Me pusieron Diabetes porque es un nombre bonito y para que recordara siempre el peligro de comer azúcar. Me cuidé y nunca enfermé de eso, pero he tenido catarro noruego, soplos en la pechuga, calambre de campanilla, tic-tac en las sienes, ojos tenebrosos, torbellino de pelos y pies poco recomendables.

—¡Cuántas enfermedades! —opinó Gonzo.

—Soy una enciclopedia del malestar. He padecido todas las comezones y todos los estornudos que caben en un cuerpo humano. Por eso me pusieron el apodo de "Crónica", que significa que algo no se detiene: ¡Yo siempre me siento mal! —dijo con extraño orgullo.

—¿Y qué enfermedad tiene ahora, doña Diabetes? —preguntó Cindy.

—En estos momentos no te podría decir, pero ya me está viniendo una picazón y ya siento un reconcomio.

—¿Qué es el reconcomio? —preguntó Gonzo.

—Algo rarito que te pasa entre el pecho y la espalda.

—¡El corazón es mi reconcomio! —exclamó Gonzo, creyendo hacer un descubrimiento.

—Dejen que me dé aire frío y verán que me enfermo —dijo Diabetes en tono presumido.

La tía del profesor hablaba de los padecimientos como si fueran algo magnífico.

En voz baja, Cindy le dijo a Gonzo:

—Creo que la mayoría de sus enfermedades son imaginarias.

Como si los hubiera oído, Zíper comentó:

—Mi tía es tan sensible que si tú comes mucho, ella se enferma del estómago. Por eso entiende los malestares de los demás, incluidas las plantas.

A continuación, propuso tomar un chocolate.

—Sobrino querido —le dijo Diabetes Crónica—, ¿no te estarás volviendo choco-adicto?

—Ya lo había pensado, tía. Estoy preparando un método de desintoxicación de chocolate para científicos que viven en la calle Brócoli. Pero ahora: ¡a desayunar y luego al bosque!

Minutos después, Pig Brother y los cuatro expedicionarios entraban al bosque de los árboles doblados.

Les impresionó la forma en que esos enormes troncos estaban arqueados. Se diría que un gigante había peleado con ellos. Zíper llevaba un spray de agua purificada para rociar brócolis

alicaídos. Al recibir el líquido parecían revivir, pero a los pocos minutos se doblaban de nuevo.

—Reaccionan, pero no por mucho tiempo: les falta voluntad —dijo el profesor—. Diabetes querida: háblales bonito.

La tía acostumbraba recitarle poemas y cantarle canciones de cuna a sus flores. Lo hacía con la voz melodiosa que sólo puede tener alguien que conoce todas las enfermedades del mundo y sabe que no hay mejor remedio que el arte.

Diabetes entonó himnos a favor de los vegetales, recitó un poema sobre la redondez del chícharo y otro, que la hizo llorar, sobre el tomatito cherry. Los brócolis parecían sentirse bien a su paso: se enderezaban y giraban sus ramas para oírla mejor, pero el cambio duraba poco.

Con intuición científica, Zíper le pidió que se concentrara en una sola planta. Diabetes Crónica se dirigió a un brócoli y le susurró:

Me gusta que te despeines
Planta tan melenuda
Vives aquí desnuda
Sin que nadie te cocine
Pareces actriz de cine
¡Bonitos son tus empeines!

Luego entonó la famosa canción de cuna *La luna ya va a cambiar.*

En forma extraordinaria, el brócoli revivió. Dotado de agua y de afecto, volvió a ser la soberbia planta que había sido antes del calambre vegetal.

—¡Viva la ciencia! —gritó Zíper.

Pero ese sensacional método tenía un problema: Diabetes Crónica le habló al brócoli durante cuatro horas seguidas para que resucitara.

Con gran habilidad, el profesor hizo un cálculo matemático:

—Para que Diabetes alivie a todo el bosque necesita recitar durante 17 años, 6 meses, tres semanas, dos días y 15 minutos. No podemos esperar tanto.

—¿Qué pasa si otra persona canta *La luna ya va a cambiar*? —preguntó Cindy.

No parecía una mala idea. Si toda la gente de Michigan fuera a cantar al bosque, la plaga podría aliviarse más pronto.

—A ver, canta tú —Diabetes puso una trompita orgullosa, cruzó los brazos y vio a la chica con cara de mujer ofendida.

—Yo lo hago —dijo Gonzo para proteger a su novia de la mirada suspicaz de la tía.

El baterista cantó con voz ronca pero bastante afinada. No hubo el menor resultado.

—Sólo Diabetes logra convertir sus sufrimientos en música para las plantas —diagnosticó Zíper.

Para agradecer el elogio, la tía recitó:

> Espárrago de mi vida
> Te conocí al vapor
> En el camino de ida
> Hacia tu rico sabor.

—Cuando comes espárragos, los orines huelen raro —comentó Gonzo—. Perdón por decir cochinadas.

—No son cochinadas: es un efecto natural —explicó Zíper—. Ese aroma no es malo, los espárragos purifican los riñones.

—No me gusta que la pipí huela así —protestó Gonzo.

Diabetes Crónica dijo:

—Creo que me voy a enfermar de náuseas —se llevó una mano a la frente y sus labios temblaron.

—Recuéstate un poco, tía sensible —dijo Zíper.

La mujer se tendió sobre una cama de hojas secas, usando la raíz de un brócoli como almohada.

—Me afecta mucho que alguien hable de orines.

—Perdón —dijo Gonzo—, hablo poco pero digo lo primero que se me ocurre.

—¿Siempre es así? —Zíper le preguntó a Cindy.

—Sí, y nunca dice una mentira.

—¿Jamás?

—Es la persona más sincera que he conocido, por eso me gusta. Cuando lo vi tocar sus tambores supe que podía confiar en él. Alguien que toca de ese modo, no puede fingir.

—¿Siempre te dejas llevar por el corazón? —el profesor le preguntó al baterista.

—El corazón es mi reconcomio —contestó Gonzo, sin saber qué decía. Fue lo primero que se le ocurrió.

—Interesante, muy interesante —Zíper se tocó la barbilla.

"La verdad es roja y redonda"

Zíper era una persona con fuertes cambios de carácter. Cindy y Gonzo encontraron a un hombre desesperado y ahora tenían enfrente a alguien dinámico y decidido, seguro de lo que estaba haciendo.

Cuando la tía Diabetes se recuperó, volvieron a la casa y el profesor los llevó a la habitación donde hacía experimentos de electrofrenética.

Ahí estaba el Espejo de las Voluntades, que solía utilizar para incorporar los deseos de una persona a algún invento. El problema consistía en reconocer la auténtica voluntad de quien participaba en el experimento. Hay personas que dicen sentirse contentas y están enojadas por dentro. El presidente municipal era de ese tipo. Zíper lo había puesto ante el Espejo de las Voluntades. Le pidió que pensara en algo estupendo, luego absorbió sus emociones, las concentró en gotas y las depositó en un frasquito con alcohol. Tomó un gotero y dejó caer tres gotas sobre un mazapán. El mazapán se deshizo.

"¿En qué estaba pensando, señor político?", le preguntó Zíper aquella vez al presidente municipal. "En ahorcar a mis enemigos", confesó el presidente. "Le pedí que pensara en algo estupendo." "Para mí eso es estupendo", admitió el político, sonrojándose mucho.

El Espejo de las Voluntades debía ser usado con delicadeza para no cometer errores de ese tipo.

El científico ya había descubierto que los brócolis mejoraban con una mezcla de agua pura y cariño. Lo complicado era conseguir cariño en cantidades industriales para aliviar a todo el bosque.

—Vamos a hacer una prueba —dijo—. Diabetes querida, ponte ante el espejo.

—¿No me va a enfermar?

—Para nada.

Diabetes Crónica fue instalada ante el Espejo de las Voluntades y el profesor le conectó sensores para captar sus emociones. Luego puso su mano en el Supercuinch, que sólo reaccionaba a sus huellas digitales, y el laboratorio fue atravesado por rayos y centellas. Los pelos de Zíper se alzaron hacia el techo, fabulosamente electrizados.

La voluntad de la tía fue absorbida por el Espejo y transformada en una corriente azul que recorrió varios tubos de cristal hasta llegar a la botellita con alcohol.

—¿Alguien quiere probar una gota? —preguntó el profesor Zíper.

En esos casos, el valiente Pig Brother siempre era el primer voluntario. Se acercó al profesor, abriendo el hocico.

Zíper dejó caer una gota en la lengua del cerdo. Pig estornudó de inmediato. Entonces el profesor colocó una gota en su propia lengua y sintió un retortijón en la panza.

—La tía sólo desea enfermedades —dijo Zíper.

Por suerte, ya tenía un antídoto contra la voluntad ajena. Él y Pig Brother tomaron gotas de Egoísmo Supremo y volvieron a la normalidad.

—Hay que tener cuidado con la dosis —aclaró—, si tomas demasiado Egoísmo te puedes volver tan presumido como un artista, pero sin su talento.

—¿Oíste? —Gonzo le dijo a Cindy—: los artistas son presumidos.

La chica no reaccionó ante este comentario, que tenía que ver seguramente con su ex novio Máximo Carlos, porque el profesor volvió a tomar la palabra:

—Sabía que esto sucedería con Diabetes. Su máxima ilusión en la vida son las enfermedades. Por eso nos contagió a Pig y a mí. Sus canciones alivian a los demás, pero esa hermosa música proviene de sus sufrimientos. Necesitamos otra clase de gente, alguien que sepa que "La verdad es roja y redonda".

—Habla usted como mi galleta de la suerte, profesor —dijo Gonzo, muy sorprendido.

—Así es. Les dije que la sabiduría china tarda en comprenderse. ¿A qué se refería la galleta de Gonzo? Ahora lo sabemos: tiene un magnífico corazón, un corazón rojo y redondo que sólo dice la verdad.

—¿Eso se le ocurrió por lo que dije del olor de la pipí?

—Lo ves: eres sincero —sonrió el profesor.

—¡Me voy a enfermar! —protestó Diabetes.

—Los caminos de la ciencia son misteriosos —comentó Zíper.

La tía fue llevada a la cocina para que se relajara con unas galletas sin azúcar. Luego, Gonzo fue colocado ante el Espejo de las Voluntades.

—Concéntrate en ayudar a los demás —le dijo Zíper.

—¿Se puede pensar en otra cosa? —preguntó con inocencia el enorme baterista.

—Vamos por buen camino —dijo el científico.

Luego de un formidable espectáculo de chispas con forma de asterisco y rayos en zigzag, la voluntad de Gonzo fue a dar a la botellita con alcohol.

—No será necesario que la probemos —opinó Zíper—, estoy seguro del resultado.

Colocó unas gotas en una botella de agua pura y salió al jardín. Se acercó a un brócoli doblado y le arrojó un poco de la mezcla de agua con la voluntad de Gonzo.

El árbol revivió de inmediato.

—¡Tenemos la solución! Embotellaremos grandes cantidades de la mezcla de agua con los sentimientos de Gonzo y bañaremos el bosque con las avionetas que se usan para apagar incendios. ¡Michigan se ha salvado! Gracias, amigo rockero, por tener un corazón tan útil.

—¡Y yo que pensaba que mi corazón estaba en peligro! —dijo el baterista.

—¿A qué te refieres?

—Vinimos a verlo porque… sabe usted… ejem… me gusta mucho la comida rica que hace daño y me puede pasar algo…

—Perdón, amigo mío, pero tengo otras cosas que hacer: debo preparar 35 mil 423 litros de la fórmula para acabar con el calambre vegetal. Además, hace días que tengo descolgado el teléfono y debo colgarlo.

—Una sola pregunta, profesor —intervino Cindy.

—A tus órdenes, chica de las pecas —respondió el científico.

—¿El mensaje de la galleta lo ayudó a resolver el caso?

—Los chinos son sabios y el Dragón Amarillo me hace descuento. Te digo otra cosa: la galleta de Gonzo estaba en lo cierto y también la mía: "El espejo siente cosquillas", decía. Las cosas no sólo son como se ven, sino como se sienten. Si estás contento, te ves mejor en el espejo. Eso me hizo pensar que el corazón de Gonzo funcionaría muy bien en mi Espejo de las Voluntades.

—¿Y mi mensaje qué significa? ¿"Encuentra mañana lo que perdiste ayer"? —preguntó la chica.

—Eso, querida amiga, sigue siendo un misterio chino —respondió el profesor.

"¡Todos somos brócolis!"

El profesor Zíper nunca cobraba por su trabajo científico: vivía del cultivo de brócolis y regalaba sus inventos. Después de colgar el teléfono, le habló al presidente municipal para decirle:

—Tengo la solución, señor político, inventé una fórmula que salva a los brócolis. Sólo necesito 25 mil tinacos de agua limpia y dos avionetas con depósito de agua contra incendios y buena puntería.

Iba a seguir hablando, pero una pequeña mano colgó el teléfono. Era la mano de Cindy Buendía:

—Perdón, profesor, pero antes de salvar el bosque hay que cerrar la fábrica de alimento para gallinas. Ellos envenenaron la Laguna de Cuchillitos. De nada sirve que los árboles reciban agua limpia si luego les va a caer agua sucia.

—Tienes toda la razón, querida amiga.

El científico volvió a hablar a la presidencia municipal y repitió, palabra por palabra, lo que le había dicho la chica.

Colgó el teléfono, con cara de sorpresa.

—¿Qué pasa? —preguntó Cindy.

—El presidente municipal no va a cerrar la fábrica. Los dueños le regalaron una televisión donde los colores se ven muy bonitos y no quiere perjudicarlos. Dice que espera que le hagan más regalos, como los que ya le hicieron al gobernador.

—¡Eso es corrupción! —exclamó la chica.

Gonzo no había visto a su novia tan indignada. El rostro de Cindy parecía el de una rockera en pleno concierto:

—¡No es posible que la gente y los brócolis sufran mientras los gobernantes reciban regalos! ¿Qué país es éste?

—Un país injusto —Gonzo hizo el primer comentario político de su vida.

—¡No lo permitiremos! —gritó Cindy.

Pig Brother había parado las orejas y el profesor miraba a Cindy con ojos encendidos.

—Estoy científicamente de acuerdo contigo: debemos manifestarnos —opinó.

—¡Podré recitar mi poema sobre la calabaza ante el distinguido público de Michigan, Michoacán! —suspiró Diabetes.

—¡Todos somos brócolis! —exclamó Zíper, alzando el puño. Mientras el profesor hablaba por teléfono con sus amigos más rebeldes, para preparar la protesta, Gonzo hizo la limpieza y tendió las camas.

Poco después, Pig Brother, Diabetes, Cindy, Gonzo y Zíper se movilizaron hasta la plaza de Michigan El Viejo.

El profesor habló por un magnavoz ante la gente que poco a poco se reunía. En la mano derecha llevaba un frasquito con su nueva fórmula científica:

—Amigas, amigos y mascotas que los acompañan: aquí tengo el remedio para los árboles doblados. ¡Podemos salvar el bosque! Pero eso no servirá de nada si no cerramos la fábrica que envenena nuestra adorada Laguna de Cuchillitos. Los comerciantes de alimento para gallinas han contaminado el agua y han contaminado a las gallinas.

—¡Es cierto! —exclamó un señor de sombrero—: mi prima comió huevos estrellados y se le cayó el pelo.

—A mí me salieron ronchas con un huevo tibio —dijo una niña.

—Y yo vomité tres días seguidos por comer pechuga —confesó una señora.

—No hablen de enfermedades que se me antojan —protestó la tía Diabetes.

—¿Lo ven? —dijo Zíper—. Las gallinas están tan contaminadas como la Laguna de Cuchillitos. Hay que salvar a la naturaleza. ¡Cerremos la fábrica! Si el presidente municipal no lo hace, lo haremos nosotros.

—¡Todos somos brócolis! —gritó Cindy y la gente, que para entonces ya era una multitud, se unió a su grito.

El presidente municipal siguió los acontecimientos desde su oficina. No se atrevió a salir al balcón por miedo a que le echaran tomates.

Llamó por teléfono al jefe de la policía y le dijo:

—Zíper se ha vuelto loco. Quiere cerrar la fábrica que nos regala televisiones y pollos rostizados para todas las fiestas.

—A mí me dieron un reloj precioso —comentó el jefe de la policía.

—Necesito que proteja la presidencia municipal.

—A sus órdenes, jefe: la policía montada va para allá.

Hay que decir que la policía montada de Michigan, Michoacán, no era muy impresionante. En vez de caballos, usaba burros, y varios de ellos solían caminar dormidos.

—¡Justicia! —gritaba la multitud, cuando los burros y sus jinetes llegaron a la plaza.

Justo entonces sonaron las campanas de la iglesia de Santa Pantufla. No era hora de misa. ¿Qué estaba pasando?

Gran amigo de Zíper, el párroco salió a encarar al jefe de la policía:

—¿No le da vergüenza traer gente armada ante el pueblo indefenso?

—Obedezco órdenes, señor cura.

—En Michigan, Michoacán, las órdenes las da el pueblo. Zíper representa a la ciencia, yo represento a la fe. ¿A quién representa usted?

—Al presidente municipal —respondió tímidamente el jefe de la policía.

—¿Se refiere al hombre escondido en su oficina que no se atreve a hablar con nosotros?

—Quítese de en medio o se arrepentirá —dijo el jefe de la policía—. Regrese a su iglesia.

—Mi iglesia está donde están los problemas de la gente.

—Pues entonces, métase en problemas: ¡detengan a este tipo! —ordenó el jefe a sus policías.

La policía montada se dirigió hacia el sacerdote rebelde, pero algo los detuvo. Lo que ocurrió en ese momento fue tan emocionante que luego se describió de muy distintas maneras. Cada persona que vio el suceso tuvo algo que decir sobre él. ¿Qué ocurrió esa soleada mañana en Michigan, Michoacán?

Mientras el jefe de la policía amenazaba al sacerdote, Gonzo Luque veía la bandera de México que ondeaba en la plaza. El mástil era enorme. Gonzo pensó que si Dios fuera baterista usaría una baqueta de ese tamaño. Sintió un redoble en su corazón y se dirigió a la bandera. Con la fuerza que le habían dado todos los conciertos de Nube Líquida, desprendió el mástil de la base y lo levantó como si fuera a un desfile para gigantes.

Cuando la policía montada quiso arremeter contra el sacerdote, Gonzo se interpuso, sosteniendo la bandera en posición horizontal, como una enorme barrera.

Los burros, que de por sí no eran muy rápidos, se frenaron por completo.

Los policías tenían ante ellos el símbolo del país y a la gente del pueblo. Ahí estaban sus amigos de toda la vida: los panaderos y los carpinteros, las amas de casa y las planchadoras, los lecheros y las cocineras, el sacerdote, el científico y el cartero (estas tres últimas profesiones sólo tenían un representante). ¿Podían atacar a su propia gente?

Gonzo Luque sostenía la bandera y además sostenía a Cindy, que se había sentado sobre sus hombros:

—¡Todos somos brócolis! —dijo la chica.

Un sargento gritó con voz heroica:

—Renuncio por la patria.

Inmediatamente después, los demás policías hicieron lo mismo y se unieron al coro del pueblo:

—¡Todos somos brócolis!

A continuación, reinó la felicidad en forma de inmensa pachanga: Gonzo volvió a poner la bandera en su sitio, el sacerdo-

te regaló los buñuelos que hacían sus amigas las monjas, Pig Brother encontró un puesto de elotes donde le dieron una mazorca y la tía Diabetes tomó el magnavoz para recitar:

La uva y la calabaza
Son amigas del melón
Ante cualquier amenaza
Se unen en rebelión.

Luego invitó a la gente a bailar y giró por la plaza como un trompo de gran calidad.

Cuando por fin el presidente municipal salió de su escondite, algunos quisieron pegarle, o por lo menos embarrarlo de miel, pero Zíper lo impidió.

Con cara de niño regañado, el alcalde dijo:

—Renuncio por la patria.

Nadie creyó que dejara su trabajo por la patria, pero todos agradecieron su partida. También le pidieron que devolviera la televisión de estupendos colores que le habían regalado los comerciantes de alimento para gallinas.

Pocos días después, se clausuró la fábrica. Los bosques fueron bañados con la fórmula especial de Zíper por dos aviones de hélice que se dieron el lujo de hacer piruetas en el cielo para alegría de la gente. Luego hubo elecciones para presidente municipal.

Un grupo de ciudadanos pidió a Zíper que se presentara como candidato, pero él se negó:

—La ciencia y los brócolis son trabajos de tiempo completo —dijo.

Le elección fue ganada por un hombre bueno y querido: el cartero del pueblo, que tantos mensajes y tantas tarjetas de Navidad había llevado de casa en casa.

El nuevo representante del pueblo conocía a todo mundo por nombre y apodo. Amaba tanto su profesión de cartero que la siguió ejerciendo junto con la presidencia municipal. Así que fue él quien se llevó a sí mismo la carta donde las autoridades reconocían su triunfo en las elecciones.

Gran concurso
de cocineros

Al día siguiente, Diabetes Crónica preparó flan sin azúcar y tamales sin grasa para despedirse del profesor y sus amigos.

Zíper llamó a Gonzo y a Cindy a su laboratorio y les dijo en secreto:

—Mi tía es pésima cocinera. Finjan que sus platos les gustan o se va a enfermar de la tristeza. Perdón por meterlos en esto. Mañana podremos pedir comida al Dragón Amarillo.

Los platillos eran tan insípidos que Gonzo sintió que comía papel con cartón. Para quedar bien con la tía dijo:

—Este cartón sabe riquísimo.

—Gonzo se come las galletas con todo y caja —dijo Cindy para componer la situación.

La tía quedó satisfecha y les dijo:

—Vengan a verme cuando esté enferma.

Poco después, un taxi llegó a la puerta. Los conductores de Michigan eran los más amables del mundo:

—Bienvenida, excelencia —un hombre con gorra y guantes le abrió la puerta del coche a Diabetes—. ¿Adónde tendré el privilegio de conducirla?

—A mis flores, que ya me extrañan —dijo la tía.

—¡Excelente dirección! —respondió el hombre.

Y así, elogiada por quienes comieron su horrible comida y por aquel educado taxista, Diabetes Crónica salió de esta historia.

Entonces Zíper miró a sus amigos con cara de extrañeza y preguntó:

—¿Me van a decir de una vez por todas a qué vinieron?

—Tengo un problema muy grande —informó Gonzo—: adoro cosas que hacen daño.

—¿Te refieres a la maldad o a la violencia? No te relaciono con ellas: eres una persona estupenda, con bigotes confiables y brazos capaces de cargar la bandera del país.

—Es otra cosa…

El baterista no pudo continuar porque sonó el teléfono.

Para su enorme sorpresa, Zíper fue invitado por la Asociación Mundial de Cocineros a participar en el concurso de chefs donde se entregaría el premio Macarrón de Oro.

—¿Por qué me llaman a mí? —preguntó.

—Usted es el inventor del chocolate con aceite de castor y del té de tornillo.

—Sí, pero no he creado ningún guiso.

—Si logró hacer esos bebestibles, también podría hacer comestibles.

—No lo creo —Zíper colgó el teléfono—. ¿En qué estábamos?

No pudieron seguir hablando porque un chef llamó de Rumania: deseaba contratar a Zíper como asesor para el concurso.

Más tarde hablaron cinco chefs de Francia, dos de Estados Unidos y uno de Irapuato.

Por lo visto, en las cocinas del planeta corrían muchos rumores y uno de ellos era que Zíper podía hacer fórmulas para todo.

A cada chef, el profesor le dijo lo mismo:

—No soy consejero de nadie, trabajo por mi cuenta y sólo obedezco a mis brócolis.

Cindy estaba muy intrigada por lo que sucedía. Como buena nutrióloga, quiso saber más de ese concurso relacionado con la comida.

Cuando el teléfono volvió a sonar, fue ella quien contestó.

—Déjeme tomar la llamada —le pidió al profesor.

—¿Esss usssted la asssistente de Zzzíper? —preguntó alguien con voz muy artificial.

—Lo ayudo en algunas cosas —dijo Cindy.

—¿Puedesss ayudarlo a esssтar con nosssotros?

A continuación, la persona al otro lado de la línea informó que los más exquisitos cocineros del mundo iban a concursar en Acámbaro, Michoacán, cuna de los mejores aguacates.

Aquella voz afectada, que podía ser de hombre o mujer, de alguien joven o viejo, gordo o delgado, pero seguramente nervioso, continuó:

—La gassstronnnomía se ha vuelto muy sssofisssticada, los grannndesss maesssstrosss ahora usssannn jerinnngasss y fórmulasss químicasss. Zzzíper puede aportar mucho. Ademásss, la nueva gassstronnnomía está de moda y no hay nada másss chic que la moda.

—¿Y qué dan de premio?

—La essstatua del Macarrón de Oro y las graccciasss… Ah, y también un millón de dólaresss.

—¿Cuándo es el concurso?

—Passsado mañana. Quisssimos hablar annntesss, pero nadie connntessstaba.

Cindy pidió el teléfono de los organizadores para devolverles la llamada y prometió consultar el tema con Zíper.

—Tenemos que participar —le dijo al científico.

—¿En qué?

—En el concurso. Dan un millón de dólares.

—No me interesa el dinero.

—A usted no, pero lo podríamos donar a los niños pobres. Además, puede demostrarle al mundo que la comida sana es sabrosa. El pez espada tiene mercurio, la carne tiene hormonas, los vegetales tienen fertilizantes, la comida para pollo tiene jabón, las papas fritas tienen harina espantosa. ¡La gente se está envenenando!

—Perdóname, Cindy, pero el único platillo que sé hacer es la ensalada monotomática.

—¿Con qué la prepara?

—Con tomate y nada más, por eso se llama así: "mono-tomática". Si tengo hambre pido pizzas o hablo al Dragón Amarillo.

—¿Puedo decirle por qué estamos aquí? —preguntó la chica.

—¡Ya era hora! —contestó Zíper.

—Gonzo tiene un gran apetito, sin embargo, come cosas que hacen daño. Su cuerpo aún no ha dado señales al respecto, pero pronto va a estallar. Gonzo es una bomba de tiempo.

—Nunca me habían comparado con un explosivo —sonrió el baterista, muy satisfecho.

—Gonzo odia las frutas, las verduras y toda la comida sana —añadió Cindy.

—Te confieso que yo tampoco soy muy frutícola —admitió Zíper.

—Pero puede inventar algo que cambie la forma de comer de la gente. Además, si gana el concurso, puede ayudar a los niños pobres con ese millón de dólares.

Zíper, que casi siempre estaba exaltado, habló con desconocida tranquilidad:

—Cindy querida, te conozco desde hace poco pero ya me encariñé con tus pecas. Gonzo es un gran amigo y pertenece a Nube Líquida, mi grupo de rock favorito. Estoy dispuesto a ayudarlos, pero no me pidas que vaya a un concurso de gente que acaba con las cejas llenas de harina.

—¡Tiene que hacerlo! Podemos ir con usted. Todavía tengo unos días libres en el hospital y falta una semana para que comience la nueva gira de Nube Líquida. Acámbaro está muy cerca de aquí.

—¿No basta con que ayude a tu novio?

—¡El concurso también es importante!

—Perdón, Cindy, pero estás demasiado apasionada.

Entonces intervino Gonzo:

—¿Por qué te interesa tanto la competencia de cocineros? ¿Es porque eres nutrióloga?

—Es porque soy nutrióloga ¡y porque soy feminista! Las mujeres cocinan durante todo el día; la gente come gracias a ellas; preparan la comida de sus hijos y el lunch para la escuela. Pero todos los chefs famosos son hombres. Hay una mafia que impide que las mujeres destaquen. ¡Eso es discriminación!

—No conocía esa palabra —comentó Gonzo.

—"Discriminar" significa despreciar a alguien por su apariencia, sin saber de lo que es verdaderamente capaz. Tenemos que demostrarle a los chefs machistas que no son los reyes del mundo.

—¡Todos somos brócolis! —exclamó Gonzo, con sincero entusiasmo, pero sin saber a qué se refería.

Asqueroso puré verde

Una característica de un buen científico es que siempre acepta desafíos y escucha las razones de los demás. Después de oír a Cindy, Zíper consideró útil y divertido participar en el concurso. Haría un guiso sano y sabroso y le demostraría a los chefs presumidos que no se necesita trabajar en el restaurante más caro para lograr un manjar.

Naturalmente, la base de su platillo sería el brócoli, orgullo de su región.

Iba a empezar con sus experimentos cuando le entró una duda:

—¿Quién va a probar mi comida?

—Nosotros —contestaron Cindy y Gonzo.

Como si supiera de qué hablaban, Pig Brother se acercó a ellos.

—Con todo respeto, queridos amigos, pero no puedo confiar en el paladar de un cerdo y de dos enamorados. Gonzo, he visto cómo disfrutas cuando Cindy te da a probar algo de su cuchara. Y Cindy, he visto cómo te cambian las pecas cuando ves comer a Gonzo. Ustedes no son nada objetivos. Necesitamos más bocas para probar mis inventos.

—¿Qué tal si invitamos a Pablo Coyote? Él nos dijo cómo llegar aquí —propuso Gonzo.

—¡Claro que sí! Y ojalá venga acompañado de la bella Azul —opinó Zíper.

—También ellos están enamorados —dijo Cindy.

—Sí, pero no están tan obsesionados con la comida, pueden opinar con más objetividad. ¡Que traigan sus bocas, sus lenguas y sus paladares! Gonzo, ¿qué esperas para llamarlos?

A Pablo le pareció magnífico visitar al científico antes de la nueva gira de Nube Líquida. Azul tenía "puente" en su escuela y podía acompañarlo. Como el Expreso de Michigan era lentísimo, Pablo y Azul viajaron en uno de los coches deportivos de Ricky Coyote.

Cuando los nuevos invitados llegaron a la casa, Zíper ya había preparado los siguientes platillos de laboratorio:

–Enchiladas verdes con salsa de brócoli michoacano.
–Suprema de brócoli con crocantes verdes.
–*Fondue* brocoliano con espuma verde.
–Islas de brócoli en marea verde.

—Esto es lo más sano del mundo —explicó el profesor presentando sus platos con orgullo—. Nada hace daño y todo alimenta. He revisado en el microscopio cada partícula de esta comida.

En el aire flotaba un intenso aroma a brócoli.

—¿De dónde sacó las recetas? —preguntó Cindy Buendía.

—Diseñé un programa de computadora para analizar los platillos más célebres que se pueden encontrar en internet. Resumí las mejores recetas, les quité los ingredientes que hacen daño, las apliqué al brócoli y el resultado son estas maravillas.

—¿Ya las probó? —preguntó Cindy.

—Para eso los tengo a ustedes: preparen sus lenguas y sus papilas gustativas.

Zíper puso música de rock para amenizar el ambiente, encendió velas, prendió una varita de incienso y apagó las lámparas. La atmósfera era perfecta para disfrutar de una velada. La atmósfera sí, pero la comida resultó un verdadero desastre.

—¡Guácala! —dijo el sincero Gonzo Luque.

—Se come mejor en el hospital donde trabajo —comentó Cindy.

—No pude distinguir las enchiladas del *fondue*, ni los crocantes de la marea verde —confesó Azul.

—Sólo mi abuela le pone menos sal a la comida —informó Pablo.

La más dura opinión vino de Pig Brother.

El profesor le sirvió una muestra de cada platillo:

—La prueba del cerdo —advirtió.

Pig sacó su lengua rosada, lamió apenas la comida y puso la cara que ponen los puercos cuando tienen miedo de que los conviertan en tocino.

—Lo reconozco: he fracasado —dijo Zíper—. ¿Lo ves, Cindy? No sé cocinar y menos cosas sanas. Traté de imitar los platillos extraños que los chefs hacen en los más caros restaurantes, pero no pude lograr nada sabroso.

Cindy intervino:

—No se desespere, profesor, al menos descubrimos algo importante. Los platillos no saben a nada porque usted les quitó los ingredientes que hacen daño. Los chefs usan lo que sea con tal de agradar.

—Cierto: eliminé las mayonesas, los aceites, las grasas, las sales, las mostazas industriales y el chorizo de Pamplona.

—Es la prueba de que a los cocineros no les interesa la comida sana —dijo Cindy.

—Supongo que algunos son distintos —opinó Azul.

—Sí, pero al concurso van los que quieren ganar y son capaces de hacer cualquier cosa para cautivar el paladar de la gente. El ser humano es muy antojadizo —diagnosticó Cindy.

—Además, hay otro problema, querida Cindy —dijo Zíper—: comentaste que la mayoría de los chefs son hombres.

—Sí, las mujeres han tenido pocas oportunidades de destacar en la gastronomía.

—Pues te digo una cosa: tristemente, soy hombre.

—Lo sé, pero usted es distinto. También hay hombres feministas: si gana, puede hablar del papel que la mujer debe tener en ese campo.

—Todo parece indicar que no ganaré. Ustedes tenían hambre y les hice algo inmundo, infausto, incomible…

—Por cierto, ¿podríamos llamar al Dragón Amarillo? —preguntó Gonzo.

El profesor tiró su comida. Era tan mala que las hormigas que estaban en el bote de basura huyeron de ahí. En un acto de humildad científica, Zíper dijo:

—Mis platillos pretenciosos no eran otra cosa que asqueroso puré verde. Lo siento, muchachos.

Pidieron comida al Dragón Amarillo. Pablo y Azul entretuvieron a todo mundo con anécdotas de Nube Líquida mientras Zíper observaba con atención la forma en que Gonzo disfrutaba cada bocado. El baterista arrasó con un platillo tras otro y las sobras en los platos ajenos.

Esta vez no pudieron leer las galletas de la suerte porque el incontenible Gonzo se las comió con todo y papeles:

—Estas galletas tienen un toque más fino que la comida de la tía Diabetes —comentó el baterista, al fin satisfecho.

Los ojos del profesor Zíper brillaban como si absorbieran toda la luz de las velas:

—Voy a calentar el Espejo de las Voluntades —dijo con la sonrisa con que anunciaba un invento.

Prodigios de lo dulce
y lo salado

Al día siguiente, Zíper trabajó en forma misteriosa. Se encerró con Gonzo en el laboratorio y luego numerosas personas tocaron a la puerta. El profesor le pidió a Azul que las hiciera entrar de una en una. Se trataba de hombres, mujeres y niños vestidos con andrajos y zapatos rotos, gente pobre con las manos lastimadas de tanto trabajar. ¿De dónde había sacado el científico a esas personas? ¿Para qué las necesitaba?

Extraños ruidos salieron del cuarto de trabajo donde las paredes siempre acababan manchadas y donde en ocasiones se creaban grandes inventos.

Gonzo estuvo en el laboratorio buena parte del día, pero también él se quedó sin saber exactamente lo que sucedía. El profesor lo conectó al Espejo de las Voluntades y al finalizar el día volvió a llamarlo, le vendó los ojos y le dio a probar algo suave y esponjoso.

El baterista de Nube Líquida sintió un redoble en la sangre: nunca había comido nada más rico. Entonces comentó:

—Es mejor que una hamburguesa Alaska con tocino crispy.

Estuvo a punto de quitarse la venda para ver de qué se trataba, pero Zíper lo contuvo:

—Tenemos que reservar la sorpresa para el concurso.

Y así, al despuntar la siguiente mañana, se dirigieron a Acámbaro. Azul y Pablo viajaron en el veloz coche deportivo de Ricky, que sólo tenía dos asientos, y los demás en un taxi de Michigan, Michoacán.

—¿Se dirige a Acámbaro, su ilustrísima? —preguntó el chofer a Zíper—. Felicidades por escoger la tierra del mejor aguacate. Cuenten conmigo para cualquier amabilidad.

El viaje fue cómodo y corto. Pablo manejó con tal rapidez que cuando los demás llegaron al hotel, él ya estaba en la alberca en compañía de Azul.

—¡Hora de usar mi bikini! —dijo Cindy.

Esto llevó a un extraño episodio. En la alberca, la chica Buendía encontró a una periodista que había ido a Acámbaro a informar del concurso de cocineros. Conocía a Cindy desde hace años, pues habían sido condiscípulas en la secundaria. Era una persona inteligente pero muy pesimista, que firmaba sus artículos con el nombre de Amarga Equis.

Cuando estudiaban la secundaria, Amarga se llamaba Lupita y estaba enamorada de Máximo Carlos. Nunca pudo perdonar que Cindy fuera su novia.

Al verla en bikini dijo:

—¡Una feminista como tú no se puede vestir así! O mejor dicho: ¡no se puede desvestir así!

—¿Cuál es problema?

—El bikini convierte a las mujeres en esclavas de los hombres que sólo quieren ver sus curvas —rugió Amarga.

—No estoy de acuerdo: se puede usar bikini y no ser dominada por los hombres. Si quieres, pregúntale a mi novio —y señaló a Gonzo.

—Se ve muy guapa, ¿verdad? —dijo el baterista.

—¿Lo ves? ¡Él sólo se interesa en tu físico! Te has convertido en la fan de un rockero. ¡Eres una grupi cualquiera! Voy a escribir un artículo demoledor sobre eso —dijo Amarga Equis, demostrando que podía hablar de cosas que no conocía.

Este desagradable momento provocó que la llegada a la sala de concursos fuera muy tensa. Amarga pidió a un fotógrafo que retratara a Gonzo en compañía de su novia y los miró con ojos de veneno, calculando los chismes terribles que podría escribir sobre el famoso rockero.

—¡Lo que puede provocar un bikini! —dijo Cindy.

Gonzo quiso arrancarle la cámara al fotógrafo, pero logró contenerse. Para calmarse, resopló con tanta fuerza que despeinó al presentador del concurso, quien estaba a dos metros de él.

Hubo música de trompetas y la gente se acomodó en sus asientos, dispuesta a emocionarse.

Grandes chefs del mundo participarían en la competencia. El jurado iba a estar integrado por expertos de distintos países.

El conductor de la ceremonia dijo:

—Damas y caballeros, les presento a las bocas más ilustres del género humano: ellos son los jurados. Sus lenguas han probado huevos de golondrinas, nidos de musarañas, jamones delgadísimos, postres de alta fantasía y los pichones más tiernos. Tengo el honor de presentar a gente con saliva de primera calidad.

A continuación, cada uno de los jurados fue recibido con una ovación. Ellos eran:

Número 1. El Marqués de Sopitas, experto en comida hirviente, criador de ganso para paté y líder en recetas de internet.

Número 2. Ventrícula Serena, directora de la revista *Paladar* y propietaria de bodegas de vino y champán.

Número 3. *Monsieur* Strogonoff, cocinero francés de origen ruso, ganador del concurso del año pasado.

Número 4. Bernat Calders, genio catalán inventor de sabores en un laboratorio del Mediterráneo y de un nuevo tipo de pulpo.

Y Número 5. Máximo Carlos, artista de vanguardia vestido de negro, que juzgaría el aspecto de los platillos.

Gonzo se sorprendió de que el ex novio de Cindy estuviera en el jurado:

—¿Por eso tenías tantas ganas de venir aquí? —le preguntó a su novia.

Luego desvió la vista hacia Amarga Equis y la vio tomar rabiosos apuntes, disfrutando la presencia del ex novio de Cindy Buendía.

—¿Sabías que Carlos Máximo estaría aquí? —insistió Gonzo.

—Se llama Máximo Carlos.

—¿Sabías que ese tarado vestido de negro iba a estar aquí?

—Claro que no, Gonzo.

El baterista iba a decir algo más, pero Amarga los miraba con atención, esperando un chisme terrible. Para decepcionarla, Gonzo besó a Cindy.

El presentador volvió a tomar la palabra:

—A continuación veremos los prodigios de lo dulce y lo salado, lo que el ser humano puede lograr para entretener su magnífico paladar. ¡Prepárense para que todo se les antoje!

La banda de música tocó el himno de la Asociación Mundial de Cocineros y comenzó el concurso.

El primer participante fue el alemán Hans Ejem-Hund, que presentó la "Salchicha disciplinada con frutos rojos de bosque de cuento de hadas crueles".

Los jurados degustaron una mínima probadita. Máximo Carlos sacó una lupa para analizar el aspecto y la textura de la salchicha, y tomó fotos con su cámara digital.

La máxima calificación era un 10, pero Hans Ejem-Hund obtuvo 5.2. Recibió con mucho respeto esta pésima nota. Aquel chef no estaba acostumbrado a protestar.

El jurado parecía muy exigente. Ante esa primera valoración, costaba trabajo pensar que alguien lograría complacerlos.

Entre platillo y platillo, los expertos se limpiaban la boca con el agua purificada que unas edecanes llevaban en botellitas de porcelana. El jurado enjuagó sus lenguas para analizar al siguiente chef.

Fue el turno del coreano Tu-Pak Han, qen ofreció un espectacular "Torbellino de algas con crustáceos a la marea baja". Aunque Máximo Carlos quedó muy impresionado por el aspecto, la calificación sólo fue de 6.1.

Llegó la oportunidad de Sincerity Johnson, chef de Texas que quiso quedar bien con el público local y presentó un "Rodeo de aguacate con costillas a la barbacoa de petróleo". En vez de gorro blanco, aquel simpático texano usaba sombrero vaquero y botas con espuelas. La gente de Acámbaro celebró que preparara un guiso con aguacate, pero el despliegue le valió a Sincerity Johnson un simple 4.2.

Siguió un cocinero de la ciudad de México. El afamado Prudencio Hipólito preparó "Reducción de chile con manteca picante de tuétano bronco". Ventrícula Serena probó el fogoso platillo y pidió un extinguidor para su boca. El reservado Bernat Calders tomó un gran bocado, no dijo nada, puso cara de fuchi y le salió humo por las orejas. *Monsieur* Strogonoff retorció sus bigotes de alambre y se negó a probar la comida. El Marqués de Sopitas, experto en platos ardientes, se atrevió a tomar dos bocados, se enchiló y le dio hipo. Máximo Carlos estornudó con el olor del guiso y las fotos le salieron movidas.

Prudencio Hipólito no recibió nota alguna porque fue descalificado.

A continuación se presentó el italiano Giacomo Fanfarroni, Rey del Espagueti Infinito. Su atractivo platillo fue un "Enredado de pasta con trufas negras, hígado de jabalí temperamental y piñones bendecidos por Su Santidad, el Papa". Obtuvo un 7.3, calificación bastante alta para las exigencias del jurado. En agradecimiento, Fanfarroni besó la medalla de la Virgen del Socorro Estomacal que siempre llevaba consigo.

La calidad fue mejorando. Rony Cubillas Chang, cocinero chino-peruano, sorprendió a todo mundo con un "Ceviche de pepino de mar con tiradito de ballena azul y jugo de erizo al limón". Obtuvo un importante 8.4. Al enterarse de su calificación, Cubillas Chang se arrodilló a rezar y emocionadas lágrimas brotaron de sus ojos.

Lucio Villegas Santibáñez, cocinero español que trabajaba para el Conde de Mascotas, llevó algo en verdad sorprendente: "Ternera rellena de cochinillo relleno de liebre rellena de pichón relleno de higo relleno de nuez". Aunque el esfuerzo para preparar eso había sido inmenso, la calificación fue de 5.9. Lucio enfureció, se quitó su gorro ante el jurado, lo tiró al suelo y lo pisoteó.

El gesto le gustó mucho a Amarga Equis, deseosa de dar malas noticias. Hubo una interrupción de unos minutos porque Villegas Santibáñez regresó a decirle al jurado:

—¿Tengo cara de tonto o qué? Ahora miren mi cara de nalga —dijo y se bajó los pantalones.

El español tuvo que ser sacado por la policía.

Por suerte, el siguiente concursante era muy alegre. Se trataba de Iluminado Granda, ex futbolista y ex músico de samba

brasileño, que llevaba el pelo peinado en rastas y ropa de siete colores. Este hombre contento presentó un postre: "Delicias de maracuyá con guayaba bien consentida y felicidad de banana". El colorido invento recibió otro 5.9. Aunque la calificación era tan baja como la de Lucio Villegas Santibáñez, Iluminado Granda la recibió como si le hicieran un gran regalo.

Rancière Levi-Plus, gastrónomo francés de alta escuela que llevaba un tenedor de oro colgado al cuello, presentó su "Filosofía del gusto con perdiz *à la creme*, compota de castaña *magnifique* y batidillo *surprise*". Este hombre de barriga satisfecha y triple papada obtuvo algo que parecía imposible: 9.7 de calificación.

El público aplaudió ante quien parecía seguro ganador del cotejo. Esta impresión se ratificó con el siguiente concursante, Larry Rosadilla, de Brooklyn, Nueva York, que trabajaba en un tráiler de comida rápida y presentó el "Hot Dog de dos metros", cuya única gracia era el tamaño. Con cierta crueldad, recibió 1.1 de calificación.

—Te dije que sólo se presentarían hombres. Las mujeres estamos excluidas de la alta cocina —le dijo Cindy a Gonzo.

Justo entonces apareció una chica japonesa, Yukio Tatami, armada de cuchillos de cocina. Con destreza de malabarista rebanó ante el jurado un "Sashimi de pez veneno con salsa kamikaze". Si se preparaba mal, ese platillo mataba en el acto a quien lo comiera. El valiente jurado probó aquella maravilla y concedió un significativo 8.7.

Fue la única mujer en la competencia y recibió un aplauso especial, pues su guiso había sido el más arriesgado.

El sofisticado Rancière Levi-Plus acariciaba su triple papada con la satisfacción de haber ganado el Macarrón de Oro, cuando el presentador anunció al último concursante:

—Y ahora, de Michigan, Michoacán, el inventor del té de tornillo, ¡Dignísimus Zíper!

Amarga Equis esperaba lo peor mientras Cindy, Gonzo, Azul y Pablo se preparaban para descubrir lo que el profesor había preparado.

Brócoli hervido

Todos los platillos habían tenido nombres exagerados que hacían pensar en la dificultad de prepararlos. El de Zíper se llamaba "Brócoli a la normalísima". Así nada más.

A diferencia de los demás guisos, éste no tenía ningún adorno. El profesor mostró un plato con un poco de brócoli del que salía vapor.

Amarga Equis esperó que el jurado se burlara de esa sencilla presentación, pero el artista Máximo Carlos dijo:

—Es lo más original de la noche: ¡un brócoli que parece un brócoli! Este cocinero no engaña, estoy seguro de que pertenece a la vanguardia del sincerismo.

Los jurados tenían derecho a hacer preguntas. Antes de probar el guiso, Ventrícula Serena quiso saber de qué estaba hecho eso que parecía tan extrañamente natural.

—Es brócoli hervido —respondió Zíper.

¿Acaso se trataba de una burla? ¿Pretendía ese científico transformado en cocinero impresionarlos con algo que las abuelas de todos los pueblos sabían hacer?

—Les digo que pertenece al sincerismo —explicó Máximo Carlos—: la franqueza de este hombre es muy novedosa.

—Distinguidos miembros del jurado —dijo Zíper—. Me gustaría darles una probadita de mi guiso en la boca.

—¡He comido en mesas donde se usan hasta seis tenedores! —protestó el Marqués de Sopitas—. No quiero que me traten como a un bebé.

—La forma de comer es parte del guiso —aclaró Zíper.

—¿Lo ven? Es un artista, todo un artista —se entusiasmó Máximo Carlos.

Los jurados aceptaron que el profesor les diera a probar su guiso en la boca. Sacando una cuchara de aspecto perfectamente normal, el profesor pasó ante cada una de las distinguidas bocas.

—Para mejorar el efecto, cierren los ojos.

Los comentarios de los jurados fueron los siguientes:

Número 1. El Marqués de Sopitas: "Esto sabe al castillo de mi familia y a la alacena con los dulces que no me dejaban comer de niño".

Número 2. Ventrícula Serena: "Esto sabe a un beso de mi actor de cine favorito".

Número 3. *Monsieur* Strogonoff: "Esto sabe a mí mismo".

Número 4. Bernat Calders: "Esto sabe a algo carísimo que me salió gratis".

Y Número 5. Máximo Carlos: "Esto sabe a una obra de arte".

Cada uno de los jurados encontró en el brócoli hervido el sabor de lo que más le gustaba.

Rànciere Levi-Plus no podía creer lo que pasaba. Su triple papada tembló de pánico y envida al ver la reacción del jurado.

—Además de todo, esto no engorda y es sano —dijo Ventrícula Serena.

—Es brócoli orgánico, de esta región —comentó Zíper.

Para ese momento, el público ya estaba totalmente de parte del profesor. ¡Alguien de Michoacán podía ganar el concurso internacional!

Mientras los jurados discutían, la multitud se unió en un grito:

—¡¡¡Bró-co-li, bró-co-li!!!

El inmenso Rànciere Levi-Plus se desmayó antes de ver la redonda calificación otorgada por el jurado: 10, alcanzado por primera vez en la historia de esa competencia.

El profesor recibió el Macarrón de Oro y dijo con sencillez:

—Quiero dedicar este premio a la persona que me convenció de estar con ustedes: Cindy Buendía. Es una chica sincera y valiente y me propuse ser como ella. Un científico debe seguir aprendiendo, sobre todo de la gente joven. Anuncio que destinaremos el millón de dólares para hacerle una cocina gratuita a la gente pobre de Michoacán, y pido a los organizadores que el próximo año inviten a tantas cocineras como cocineros. ¡Muera la discriminación! ¡Brócoli para todos!

Cindy estaba feliz con el resultado y besó a Gonzo Luque.

Amarga Equis, que odiaba la felicidad, se acercó a Máximo Carlos para decirle con voz intrigante:

—¿No te da celos que tu ex novia esté con un baterista?

Para decepción de Amarga, el artista de vanguardia respondió:

—Claro que no: somos buenos amigos y le deseo lo mejor.

Amarga Equis rompió sus apuntes: las noticias de ese día eran demasiado buenas para ser cubiertas por ella.

Hubo una gran fiesta en la que se pudieron probar las sobras de todos los platillos. La mayoría de ellos eran magníficos. Curiosamente, el único guiso del que no quedó nada para que los demás probaran fue el del profesor Zíper.

Esto se debió a lo siguiente. Al ver la calificación de 10, a Gonzo Luque se le abrió el apetito; aprovechando que todos abrazaban al profesor, se acercó a la mesa donde estaban los restos del platillo y los devoró en un santiamén.

Y entonces sucedió algo extrañísimo: aquel brócoli hervido sabía, ni más ni menos, que a brócoli hervido.

La cuchara sabrosa

¿Qué había pasado? Los amigos regresaron a Michigan, Michoacán, donde Zíper sirvió un festín de frutas y vegetales.

—¿Vamos a comer eso? —preguntó Gonzo, preocupado.

—Tengo el remedio para todos tus males —Zíper le tendió una cuchara.

Aquel utensilio parecía común y corriente.

—Es la cuchara sabrosa —explicó el científico—. Lo que comas con ella tendrá el sabor de tus deseos.

—¿Y si comes brócoli hervido sin la cuchara? —preguntó Gonzo.

—Desgraciadamente, sabe a brócoli hervido —contestó Zíper.

¡Era lo que había pasado con los restos del "Brócoli a la normalísima"!

—Entonces lo importante es la cuchara, no la comida —dijo Azul.

—En efecto, querida amiga.

Cindy quiso saber cómo había preparado el invento. El profesor explicó con sencillez:

—Ya saben que el Espejo de las Voluntades atrapa lo que la gente más quiere. Gonzo es muy sincero con su apetito y con sus demás emociones. Lo puse frente al Espejo, absorbí lo que sentía, fundí una cuchara a temperatura infernal y le deposité gotas con la voluntad de nuestro querido amigo. El resultado fue bueno, pero no suficientemente bueno.

—¿Por qué? —preguntó Pablo.

—Me di cuenta de lo siguiente: Gonzo es estupendo para tener antojos.

—Se hace lo que se puede —agradeció el baterista.

—Sin embargo —continuó el profesor—, es caprichoso en sus gustos. Nunca ha tenido problemas para conseguir comida. En todo caso, su único problema es decidir entre una hamburguesa o una pizza.

—¡Las dos me gustan tanto! —exclamó Gonzo.

—Para perfeccionar la cuchara, se me ocurrió lo siguiente: mezclar el apetito de Gonzo con el hambre de la gente. En este país hay mucha gente que no tiene qué comer. Recordé lo que dijo un gran pensador: "No hay mejor cocinero que el hambre". Cuando estás hambriento, todo te sabe de maravilla.

—¡Por eso vino tanta gente pobre a la casa! —comentó Azul.

—Sí, y el millón de dólares será para darles de comer en una cocina gratuita —explicó Zíper—. Esta cuchara tiene lo más valioso del mundo: el hambre del pueblo.

—Y el apetito de Gonzo —complementó Cindy.

—En efecto: el gran corazón de nuestro baterista se ha unido a las necesidades de la gente.

—¿Podemos probar la fruta? —preguntó Gonzo.

Comieron con la misma cuchara y cada uno percibió el sabor más maravilloso que jamás había probado. Los comentarios fueron muy extraños porque la felicidad hace decir cosas raras.

Cindy Buendía comentó:

—Esta piña sabe a oso de peluche —y lloró de la emoción.

Gonzo la acarició con sus manos grandes y le preguntó:

—¿Qué sucede?

—No lo sé, pero estoy muy contenta.

—¡Viva el amor! —dijo el profesor.

—¡Viva la ciencia! —contestó Pablo.

—Y ahora un poco de música —Zíper fue al tocadiscos y puso el rock de Nube Líquida a un volumen tan alto que se agitaron los brócolis que rodeaban la casa.

La segunda cuchara

Nube Líquida emprendió su gira con gran éxito. Mientras tanto, con el dinero del premio, el profesor Zíper abrió una cocina gratuita para la gente pobre de Michigan, Michoacán. Asesorado por Cindy, diseñó un menú sano y sabroso en el que se incluyeron varias recetas de brócoli, orgulloso producto de la región que había vuelto a crecer en los valles y las verdes colinas.

Por su parte, Gonzo comenzó a planear una escuela gratuita de música en la que él daría clases de batería, ordenadas por temas como Tambor, Platillo, Bombo, Tarola, Baquetas y Cencerro de Vaca. A eso se dedicaría en sus ratos libres.

Durante la gira, se aficionó tanto a la cuchara sabrosa que se la colgó al cuello. En ocasiones la usaba para tocar los platillos.

Siguió comiendo bastante, pero se concentró en alimentos sanos. De vez en cuando pedía una hamburguesa Alaska y la disfrutaba como antes, pero también disfrutaba el jugoso melón y el tomate colorado.

Sus solos de batería impresionaron a todo mundo. Ricky Coyote, guitarrista líder y autor de casi todas las canciones del grupo, compuso una pieza en la que Gonzo hacía los coros y la cual llevaba el interesante título de "Misterio hervido".

Si no estaban en Japón o Matamoros —es decir, muy lejos de casa—, los músicos aprovechaban sus días libres para regresar con sus seres queridos.

Gonzo pasaba sus mejores momentos con la chica de pecas independientes, que hacía grandes progresos en el hospital, revisando la comida de los enfermos.

De vez en cuando, el profesor Zíper les hablaba por teléfono para decirles:

—Mis brócolis les mandan saludos.

Una tarde, Gonzo le enseñó a Cindy los juguetes que conservaba desde la infancia. A veces, a los adultos les da vergüenza mostrar los peluches de cuando eran niños. Pero Gonzo nunca había tenido problemas para ser sincero. Abrió su armario favorito y señaló su inmenso oso de peluche:

—De niño quería ser como él —confesó.

—Eres como él —dijo Cindy, poniendo una cara curiosa.

—¿Qué te sucede?

—No lo sé, algo raro me está pasando.

En ese momento, la chica tuvo un recuerdo que parecía perdido para siempre. Cuando su familia se cambió a la Privada Eugenia de la calle Eugenia, número 25, casa 3, colonia Del Valle, su peluche favorito se perdió en la mudanza. Nunca había sufrido tanto. Aquel oso la acompañaba a todas partes y la protegía de las cosas malas. Era un oso goloso al que le daba de comer dulces imaginarios. Antes de la mudanza, se le olvidó darle de comer y pensó que tal vez el oso había desaparecido por su culpa, buscando comida en otra casa.

De nada sirvió que sus papás le compraran un peluche casi idéntico. El juguete perdido era único.

—Fue mi primer amor —explicó la chica con tristeza.

Cindy extrañaría siempre a aquel oso de incomparable color beige. Con los años, trató de olvidar la desgracia y poco a poco logró hacerlo. Pero ahora, ante el inmenso oso de Gonzo, las memorias de cuando era niña regresaron a su mente.

—¡Por eso la piña me supo a oso de peluche! Era lo que más me gustaba en la infancia. Me he pasado toda la vida buscando otro peluche —vio a Gonzo con ojos muy especiales para decir—: y creo que ya lo encontré.

—¿Te quieres quedar con mi oso? —preguntó el baterista.

—No, tonto: ¡el oso eres tú!

Gonzo Luque la abrazó con sus brazos enormes que, en efecto, eran tan agradables y protectores como los del peluche que ella había perdido de niña.

—¡Y ya entiendo mi mensaje en la galleta china! —dijo Cindy—: "Encuentra mañana lo que perdiste ayer". ¡Tú eres el oso que perdí en la infancia! ¡Ya te encontré!

La felicidad de Gonzo y Cindy fue redonda como una naranja. El baterista regresó a la gira y tocó con más alegría y fuerza que nunca. Era obvio que estaba enamorado porque siempre tenía la mente en otro sitio. Mientras actuaban en un estadio o dormían en un hotel, él recordaba las pecas más bellas del mundo. Se encontraba tan distraído que un día le untó mermelada a la corbata del promotor de sus conciertos, confundiéndola con un pan. Otro día se puso primero los pantalones y luego los calzones. Otro día más creyó que un perro peludo era un suéter y lo empacó en su maleta (el pobre animal llegó muy mareado al siguiente concierto).

Gonzo estaba en una nube de felicidad llamada Cindy Buendía. Mezcló los nombres de las personas, le dijo "tocaya" a la reina de Inglaterra cuando los condecoró como rockeros ilustres, perdió las llaves de su casa y, en efecto, ¡acabó perdiendo la cuchara sabrosa!

Una mañana dejó de tenerla colgada al cuello.

Desesperado, le habló a Cindy:

—¡Ahora yo perdí mi juguete favorito! Tienes que ayudarme antes de que me dé un ataque de pizzas.

—No te preocupes: hablaré con Zíper —dijo la novia nutrióloga—. Mientras tanto, ten fuerza de voluntad.

—¿Cómo podré lograrlo? —preguntó Gonzo.

—No hagas nada de lo que te puedas arrepentir.

—Prometo no comer cosas arrepentibles —respondió el baterista.

Mientras el avión de Nube Líquida despegaba rumbo a su siguiente concierto en Filipina la Baja, Cindy habló a Michigan, Michoacán, y le explicó al profesor lo sucedido.

—Necesito una cuchara de emergencia para mandarla por mensajería a Filipina la Baja —concluyó.

—No puedo hacerla tan rápido —comentó Zíper y un segundo después agregó—: Espera, tengo una idea.

Un par de horas más tarde, Cindy recibió una cajita con una cuchara idéntica a la anterior. Sin perder tiempo, anotó la dirección de Gonzo, fue a la oficina de mensajería exprés, y la despachó.

La cuchara viajó en la bodega de un avión, atravesando el océano, el desierto del Sahara, los montes Himalayas, las selvas de Oriente y el arrecife de los corales cosquilludos hasta llegar a Filipina la Baja.

Al despertar, Gonzo oyó un toquido en la puerta de su cuarto de hotel. Un mozo le entregó la cajita con la cuchara, junto con la charola del desayuno:

—Buen apetito, señor Gonzo.

El baterista desempacó el instrumento enviado por Zíper. Usó la cuchara para probar una rebanada de papaya, y ésta le supo jugosa y dulce.

Esta segunda cuchara lo acompañó a lo largo de la gira. Gonzo tocó con ella las notas de su último solo de batería.

Zíper fue un invitado especial de ese concierto. No le gustaba dejar solos a sus brócolis, pero aceptó ir a la capital para compartir con los músicos de Nube Líquida la fiesta de despedida.

El baterista lo abrazó con tanta fuerza, que estuvo a punto de asfixiarlo, agradeciendo todo lo que había hecho por él.

—¿Y qué te parece tu segunda cuchara? —preguntó el científico guiñándole un ojo a Cindy, como quien está a punto de revelar un secreto.

—Es todavía mejor que la primera.

—Tengo algo que decirte, querido Gonzo: es una cuchara normal.

—¡¿Normal?!

—Tan normal como el "Brócoli a la normalísima".

—¿Y por qué todo me sabe tan rico?

—Porque ya te acostumbraste a comer sano: las naranjas son sabrosas, yo también lo descubrí en estos días. Esta falsa cuchara te ayudó a convencerte de que el invento seguía funcionando, pero ya no lo necesitas. No dependes de la cuchara sabrosa, Gonzo: eres libre, puedes decidir qué comer.

—¡Yupi! ¡Qué bonito es ser libre! ¡Disfrutaré ensaladas olímpicas, cocteles de frutas rockeras y, de vez en cuando, una hamburguesa Alaska! Mi lengua será mi propia cuchara sabrosa.

—Y tú serás mi oso de peluche —le dijo Cindy.

—Cindy Buendía y Gonzo Luque sólo se necesitan el uno al otro —dijo Zíper.

En ese momento se les acercó Nelson Farías, conocido como el Señor de los Teclados, pianista de Nube Líquida, que no había participado en la historia.

—¿De qué están hablando? —preguntó.

—De amor y otras cosas científicas —contestó Zíper.

—Suena interesante —dijo Nelson—. ¿Podría contarme algo más?

—El mundo puede dar muchas sorpresas —recitó Zíper—. Una de las más asombrosas ocurrió el día en que Gonzo Luque, baterista del grupo de rock Nube Líquida, se puso a dieta.

—¿Eso sucedió? —preguntó Nelson, muy sorprendido.

—Ante tus propias narices, pero estabas demasiado concentrado en tus teclados —le dijo Gonzo.

—Tendré que ponerme al día; siga contando, profesor.

Y así, el gran científico escogió una buena silla, se sirvió un vaso de agua, limpió su garganta, como quien se dispone a decir muchas palabras, y comenzó a contar la historia de la cuchara sabrosa.